Norm Green · Kathy Green

Kooperatives Lernen
im Klassenraum und im Kollegium

Das Trainingsbuch

Klett | Kallmeyer

Dedicated to all those who inspire us:
Our Children
Drew, Katie, John & Gosia,
Our mentor and friend, Dr. Barrie Bennett,
Our dedicated colleagues
Peter Blomert, Carmen Druyen and Dietlinde Heckt,
And all the exemplary German educators
Who we have had the privilege of working with,
Whose friendship, hard work and trust
Have allowed us
To achieve what we never dreamed was possible.
This book is a celebration of your excellence.

Norm Green · Kathy Green

Kooperatives Lernen im Klassenraum und im Kollegium

Das Trainingsbuch

Klett | Kallmeyer

Bibliografische Information der Deutschen Nationalbibliothek
Die Deutsche Nationalbibliothek verzeichnet diese Publikation in der Deutschen
Nationalbibliografie;
detaillierte bibliografische Daten sind im Internet über http://dnb.d-nb.de abrufbar.

Impressum

Norm Green, Kathy Green
Kooperatives Lernen im Klassenraum und im Kollegium
Das Trainingsbuch

4. Auflage 2009

© 2005. Kallmeyer in Verbindung mit Klett
Erhard Friedrich Verlag GmbH
D-30926 Seelze-Velber
Alle Rechte vorbehalten.
www.friedrichonline.de

Realisation: Friedrich Medien-Gestaltung
Druck: Messedruck Leipzig GmbH.
Printed in Germany

ISBN: 978-3-7800-4937-7

Norm Green und Kathy Green

Wer ist eigentlich Norm Green? Vermutlich einer der derzeit weltweit bekanntesten Pädagogen, ein faszinierender Trainer für Cooperative Learning, ein disziplinierter Querdenker, Akademiker mit Faible für handwerkliche Präzision – auch beim Unterrichten – und vor allem jemand, der nicht viel Aufhebens von sich macht, aber immer wieder begeistert von den Lernprozessen anderer erzählt. Seien es Kinder oder Erwachsene … Menschen wie du und ich, Kultusminister oder Vorstandsvorsitzende. Zudem einer der Schrittmacher des kanadischen Erfolgsmodells in Durham, das 1996 mit dem Carl-Bertelsmann-Preis ausgezeichnet wurde und zeigt, dass man es in zehn Jahren von ganz unten nach ganz oben schaffen kann – was die durchschnittlichen Schülerleistungen angeht. Übrigens konnte sich Kanada im Unterschied zu Deutschland auch mit seinen PISA-Ergebnissen sehen lassen – …

Und wer ist Kathy Green? Lehrerin und Trainerin wie Norm, seine Frau und Kritikerin, Teil des Green-Teams, für die, die sie in einem Workshop gemeinsam erlebt haben, Teil eines Dream-Teams. Sowie Mitautorin dieses Bandes. Es ist übrigens der erste, der von Norm und Kathy Green in einem deutschen Verlag erscheint.

Damit liegt nun das Original vor, ergänzend zu den Workshops, in denen sich viele Lehrerinnen und Lehrer, Schulaufsichtsbeamte, Schulleiter, in der Weiterbildung Tätige usw. die Grundlagen Kooperativen Lernens angeeignet haben. Es gibt sie inzwischen auch bei uns, die Schulen und Institutionen, die nach diesem Konzept – und mit beachtlichem Erfolg – arbeiten. Und man findet sie in Bayern ebenso wie in Nordrhein-Westfalen oder Hamburg.

Auch Publikationen zum Kooperativen Lernen sind inzwischen nicht mehr selten. Einige stammen von denen, die von Norm und Kathy Green darin trainiert worden sind und die das dort Gelernte z. B. für ihre Schule, ihr Kollegium oder ihre Klasse adaptiert haben. Die an und mit diesem Konzept pädagogisch gewachsen sind und es nun selbst Kolleginnen und Kollegen, Schülerinnen und Schülern vermitteln. Margit Weidner zählt zu ihnen, und ihr Band „Kooperatives Lernen" beruht auf eben jenen kanadischen Wurzeln.

Dies lässt sich längst nicht von allen Titeln sagen, die inzwischen unter diesem Begriff verkauft werden. Manche versammeln mehr oder weniger gut recherchierte Forschungsergebnisse und Praxiserfahrungen in sich – es fehlt ihnen das, was die Arbeiten von Norm und Kathy Green auszeichnet: die jahr(zehnt)elange eigene Erfahrung, die Beschränkung auf das Wesentliche – und Machbare. Auch das ist übrigens eines der Erkenntnisse aus Durham: Erfolgreicher zu unterrichten und das Leistungsniveau der Schülerinnen und Schüler insgesamt anzuheben bedeutet nicht, alles zu verändern, sondern das Lerngeschehen zu fokussieren, mit bisher fehlenden Methoden und Kompetenzen anzureichern. Beispielsweise mit professionell organisiertem kooperativem Lernen …

Dietlinde Hedwig Heckt

Wie können Sie mit diesem Buch arbeiten?

Sie sind – bezogen auf Kooperatives Lernen – einerseits in einer wenig beneidenswerten Situation. Es ist einfacher, sich das Konzept und die Methoden gemeinsam mit anderen anzueignen, beispielsweise in einer Trainingswoche, als es zunächst allein zu lesen. Sie sind andererseits durchaus in einer beneidenswerten Situation, denn das, was Lehrerinnen und Lehrern bisher nur in entsprechenden Workshops als Handout zugänglich war, liegt nun erstmals gedruckt vor. Sie können sich also mit anderen zusammentun und Ihre Klasse oder Ihr Kollegium im Sinne des Kooperativen Lernens verändern.

Sie können dies Schritt für Schritt tun, und wenn Sie das tun, wird dieses Buch Sie dabei immer wieder weiterbringen. Sie werden auch bemerken, dass z. B. Hinweise und Aufzählungen, mit denen Sie möglicherweise beim ersten Lesen nicht allzu viel anfangen können, genau das enthalten, was Sie in einem bestimmten Stadium zum gemeinsamen Arbeiten benötigen. Sie haben es wirklich mit einem Trainingsbuch zu tun.

Am Anfang finden Sie Statements zum – kooperativen – Lernen und Lehren, die unsere Erfahrungen und Einsichten sowie einige Forschungsergebnisse zusammenfassen. Sie stellen eine Art Ausgangsbasis für die nachfolgenden Praxisanregungen und methodischen Überlegungen dar. Nehmen Sie sie zur Kenntnis, sprechen Sie mit anderen darüber – und lesen Sie sie nochmals, nachdem Sie eigene Erfahrungen mit kooperativen Lern- und Lehrmethoden gesammelt haben.

Das Buch ist so konzipiert, dass sie damit Gruppenlernprozesse einleiten, gestalten und auswerten können. Und zwar so, dass dies mit hoher Wahrscheinlichkeit gelingt. Es beruht auf langer Erfahrung und berücksichtigt Schwierigkeiten, die Lehrerinnen und Lehrer dabei haben könnten, von vornherein. Der Inhalt mag Ihnen zunächst einerseits kleinschrittig vorkommen, andererseits redundant, was etwa die immer wieder hervorgehobene Bedeutung der positiven Abhängigkeit der Gruppenmitglieder voneinander o. Ä. angeht.

Wenn Sie das Buch allerdings als eine Art Leitfaden für Veränderungen in Ihrer Klasse oder in Ihrem Kollegium nutzen, werden Sie bemerken, dass beides Sinn macht. Weder genügt es, die beschriebenen Methoden anzuwenden, ohne über ein tieferes Verständnis für ihren Stellenwert im Lerngeschehen o. Ä. zu verfügen, noch reicht es hin, den Ansatz des Kooperativen Lernens zu kennen, ohne über die Methodenkompetenz zu verfügen, ihn auch umzusetzen. Mithilfe dieses Buches können Sie beides erreichen.

Sollten Sie darüber hinaus auch die Gelegenheit haben, an einem Training zum Kooperativen Lernen teilzunehmen, tun Sie es. Der Charme des Learning by doing ist unschlagbar …

Dietlinde Hedwig Heckt

Sie begreifen 95 % von dem,
was Sie gelernt haben,
erst dann, wenn Sie es
anderen vermitteln.

Lernende helfen sich gegenseitig
und bilden so eine
fördernde Gemeinschaft,
die das Leistungsniveau
des Einzelnen hebt.

Einer Gruppe
kann man
schwierigere Aufgaben
als Einzelnen zumuten.

Kooperatives Lernen

Wenn Schüler
verschiedener kultureller Herkunft
zusammenarbeiten,
beginnen sie
ihre Unterschiede zu verstehen,
und wie sie konstruktiv zusammenarbeiten können.

Was Sie heute in einer
Gruppe tun,
können Sie morgen
als Einzelner.

Die Fähigkeit
zu kritischem Denken nimmt zu,
das Interesse und die
Behaltensleistung in Bezug auf
den Unterrichtsstoff
verbessern sich.

Einleitung

Was stellen Sie sich eigentlich vor, wenn Sie an „Unterricht" denken? Irgendeine strukturierte und ritualisierte Formen des Lehrens und Lernens in Schulen? Individualisiertes oder kooperatives Lenen? Mischformen? Was in einzelnen Klassenzimmern vor sich geht, ergibt bekanntlich sehr unterschiedliche Erscheinungsbilder: Frontal- und Projektunterricht, lehrerdominierten und schülerorientierten Unterricht, Freiarbeit und fragend-entwickelnde Unterrichtsgespräche, langweilige Stunden und mitreißende. Und manches andere. Was davon ist „guter" Unterricht? Und warum? Oder müsste man möglicherweise ganz andere Fragen stellen?

In der teils heftig und kontrovers, mit mehr Emphase als empirischer Erkenntnis geführten Diskussion über den sogenannten offenen Unterricht, der manchen Pädagogen per se als „guter" Unterricht galt, tauchen manche Detailergebnisse erst sehr spät auf. Etwa die 1999 erschienene Studie von Lipowsky zur Lernzeitnutzung von Schülern in offenen Lernsituationen. Zu ihren nachdenklich machenden Ergebnissen zählt beispielsweise, dass die Schülerinnen und Schüler, die „ihr Lerntempo selbst bestimmen konnten und alleine arbeiteten ... ihre Lernzeit weniger aufgabenbezogen" nutzen, „als wenn sie in Partner- oder Gruppenarbeit mit Mitschülern interagierten oder die Zuwendung des Lehrers im gemeinsamen Klassenunterricht mit anderen Schülern teilen mussten" *(Lipowsky 1999, S. 81)*.

Zu fragen ist wiederum, ob nicht die positiven Effekte „im Persönlichkeitsbereich" sowie in der Akzeptanz von Schule, Lehrern und Unterricht *(Giaconia/Hedges 1982, S. 599)*, die für offenen Unterricht „typisch" sind, eben mit diesen nicht aufgabenbezogenen Aktivitäten – was beispielsweise persönliche Gespräche meint – zu tun haben. Die Untersuchungen Goetzes zum Verhalten lernschwacher Schülerinnen und Schüler im offenen Unterricht zeigen, dass „Kooperation in Spielsituationen meist erfolgreich umgesetzt" wurde, aber „mit aufgabenbezogener Zusammenarbeit erhebliche Schwierigkeiten bestanden". Zugleich fühlten die Schüler sich im offenen Unterricht „grundsätzlich wohler" und zeigten „großes Interesse an sozialen Kontakten untereinander", das sich u. a. in „gemeinsamen Spielen und freien Gruppengesprächen" äußerte *(Goetze 2000, S. 270 f.)*.

Was also wollen Sie unter gutem Unterricht verstehen? Einen Unterricht, der scheinbar Widersprüchliches in sich vereint? Der die Leistungsstarken fördert und zugleich den Wissensabstand zu den Leistungsschwachen verringert? Der persönlichkeitsbildend wirkt und zugleich Kompetenzen fördert? Lese- und Medienkompetenz, Rechtschreib- und Problemlösekompetenz usw? Oder wollen wir bescheidener bleiben und als guten Unterricht jenen bezeichnen, der bei allen Kindern einer Klasse einen hohen Leistungszuwachs bewirkt, ohne die sozialen und kommunikativen Aspekte des Lernens und Lehrens zu vernachlässigen? Wenn das so ist, kommen sie nicht umhin, sich mit kooperativem Lernen zu beschäftigen.

Werfen wir also einen Blick auf den Leistungsaspekt. Forschungen zu den Determinanten von Schulleistung haben – vor allem im angloamerikanischen Raum – eine lange Tradition. Allerdings haben sich im Nachhinein nur einige der – zahlreichen – untersuchten Einflussgrößen als aussagekräftig erwiesen *(Fend 1998, S. 318)*. Dazu zählen Untersuchungen zur Lernzeitnutzung (time on task), zur Instruktionsqualität, zum classroom management und zum spezifischen Lernzuwachs, etwa beim Schriftspracherwerb oder in Mathematik *(u. a. Bennett 1981, Huschke 1982, Lipowsky 1999, Weinert/Helmke 1995, Einsiedler 1997, Kounin 1976, Weinert/Helmke 1997).*

Bezogen auf die hier angesprochene Frage bedeutet dies einerseits, dass ein hohes Maß an aufgabenbezogenem Schülerverhalten und Lernzeitnutzung einen hohen Leistungszuwachs erwarten lässt. Andererseits scheint es „beachtliche Kompensationsmöglichkeiten verschiedener Unterrichtskonstellationen" zu geben, „nur „Instruktionsklarheit" zeigt sich als Merkmalsprofil durchgängig *(Weinert/Helmke 1997, S. 472).* Anders gesagt: Wer – in welcher Unterrichtsform auch immer – Erklärungen und Anweisungen nicht versteht, lernt schlechter …

Allerdings sind auch diese Aussagen mit Vorsicht zu betrachten. Forschungen zur Unterrichtsqualität und zur Leistungsentwicklung beziehen sich bisher überwiegend auf „den lehrergesteuerten Klassenunterrrricht" und enthalten kaum Hinweise auf die „Qualität von Einzelarbeit und Gruppenarbeit, obwohl hier erhebliche Unterschiede hinsichtlich kognitiver Niveaus und aktiver Beteiligung bestehen" *(Einsiedler 1997, S. 228).* Auch bestätigt sich in verschiedenen Untersuchungen der Einfluss kognitiver Eingangsvoraussetzungen von Schülern.

Betrachten wir noch einmal die verschiedenen „Unterrichtskonstellationen" und polarisieren dabei (unzulässigerweise) zwischen „offenen" und „geschlossenen" Formen. Wir haben es beim offenen Unterricht mit einem Konzept zu tun, das „bis heute keine klaren Konturen gewinnen" konnte *(Lipowsky 1999, S. 5),* über das Konsens vor allem in der Ablehnung eines lehrerdominierten Unterrichts und in der Befürwortung einer aktiven, selbstbestimmten Auseinandersetzung der Schülerinnen und Schüler mit Themen und Problemen besteht. Ansonsten werden – je nach Standpunkt – unterschiedliche Merkmale akzentuiert und Begriffe verwendet. In angloamerikanischen Publikationen wird häufig von „informellem" oder auch „progressivem" Unterricht gesprochen *(u. a. Bennett 1979).* In der deutschen Diskussion werden u. a. Begriffe wie situations- und problemorientiertes, schüler- und handlungsorientiertes, entdeckendes und selbstgesteuertes Lernen verwendet, um offene Ansätze zu beschreiben *(Kasper 1991, S. 188),* oder auch Projekt, Wochenplan- und Freiarbeit, Stationenlernen, Werkstattarbeit.

Die Beschreibung von lehrerdominiertem Unterricht erscheint dagegen – auf den ersten Blick – einfach. Üblicherweise wird darunter ein vom Lehrer bzw. von der Lehrerin organisierter und gelenkter Klassenunterricht verstanden, in dem direkte Instruktionen und damit verbundene Einzelarbeitsphasen prägend sind. Auf den zweiten Blick werden auch beim lehrerdominierten Unterricht erhebliche Unterschiede deutlich. Hinzu kommt, dass Lehrerinnen und Lehrer nicht unbedingt idealtypisch unterrichten, dass also in der Praxis alle erdenklichen Mischformen anzutreffen sind.

Bennett war in seiner Studie über den Zusammenhang von Schülerleistung und Unterrichtsstil von drei Stilen ausgegangen, die er allerdings noch nach dem Grad ihrer Ausprägung differenzierte: dem informellen, dem formellen und dem gemischten Unterrichtsstil *(Bennett 1979, S. 59 ff.).* Definiert wurde der Stil von den sechs Kernbereichen Lernorganisation, Lernkontrollen (einschließlich Sanktionen), Curriculum, Lehrstrategien, Motivierung und Leistungsbewertung. Bennetts Studie stieß in Deutschland nicht nur deswegen auf Interesse, weil sie auf der Befragung von immerhin 468 Lehrern und Tests in 37 Klassen beruhte, sondern auch wegen des Befundes, dass leistungsstarke Kinder, solche mittleren Leistungsniveaus und auch leistungsschwache in formellen Lernsituationen „die höchste Arbeitsintensität erzielen" *(Kasper 1997, S. 105)* und insgesamt die besseren Leistungen *(Bennett 1979, S. 102 ff.).*

Allerdings war die Klasse mit dem insgesamt höchsten Lernzuwachs bei allen Kindern (also eine sogenannte Optimalklasse, in der Leistungsförderung und Chancenausgleich gelingt) eine informell unterrichtete *(Bennett 1979, S. 113).*

Bennett führt dies u. a. auf die gute Organisation und klare Strukturierung des informellen Unterrichts bei gleichzeitig individualisierten, flexiblen Lernzeiten und vielfältigen Gruppenarbeiten zurück *(Bennett 1979, S. 113).*

Gelingende Organisation und Instruktionsklarheit scheinen Merkmale guten, im Sinne lernwirksamen, wie auch immer gearteten, Unterrichts zu sein. Wie aber erreicht man sie? In der Münchener Schulleistungsstudie von 1986 (fünfte Hauptschulklassen) zeigte sich z. B., dass sich ein hoher Anteil von Strukturierungshinweisen im Unterricht negativ auf die aufgabenbezogene Lernzeitnutzung der Schüler auswirken kann – und offenbar als Unterbrechung empfunden wird (Helmke, Schneider und Weinert 1986). Ein hoher Anteil von Strukturierungshinweisen hat also nur bedingt positiven Einfluss auf die aufgabenbezogenen Lernaktivitäten der Schülerinnen und Schüler, auch hier scheint die Passung, das Maß an Adaptivität entscheidend zu sein.

Kooperatives Gruppenlernen, wie es Kathy und Norm Green praktizieren, verfügt über angemessene Strukturierungsqualitäten und lässt den Schülerinnen und Schülern zugleich die Möglichkeit, ungestört zu arbeiten.

Fasst man die Ergebnisse der hier verwendeten Studien zusammen, ist guter Unterricht ein gut organisierter, klar strukturierter Unterricht mit hohem aufgabenbezogenem Aktivitätsniveau und intensiver Lernzeitnutzung seitens der Schülerinnen und Schüler. Zudem ist guter Unterricht methodisch vielfältig und beinhaltet kooperative wie individuelle Lernphasen.

Guter Unterricht wird erteilt von Lehrerinnen und Lehrern, die bereit sind, alle ihre Schüler intensiv zu unterstützen und ihre Aufmerksamkeit gleichmäßig zu verteilen. Die sich selbst als Lernende sehen und damit zugleich „Modelle" für ihre Schüler sind. Die auf implizite Abqualifizierungen verzichten und durch ihre Leistungsorientierung – bei gleichzeitigem Verzicht auf geschwindigkeitsbetonte Lernergebnisse – bei allen Schülern Erfolgserwartungen fördern – und damit deren Anstrengungsbereitschaft. Wir bewegen uns damit im Bereich der Einstellungen, der Motivation, der Strategieentwicklungen, der Erklärungsmodelle für Misserfolge, der erlernten Hilflosigkeit usw. Und dem des Kooperativen Lernens mit seiner spezifischen Feedback-Kultur. Manches, was einem beim ersten Lesen dieses Buches merkwürdig erscheint, erklärt sich aus der – in sich stimmigen – Konzeption kooperativen Lernens.

Es gibt nicht allzu viele Möglichkeiten, den Realitätsgehalt der hier versammelten Vorschläge zu überprüfen. Zu den drei besten zählt, es auszuprobieren, es auszuprobieren, es auszuprobieren …

Dietlinde Hedwig Heckt

Kooperatives Lernen: Eines für alles?

Stellen Sie sich vor, es gäbe ein Konzept, mit dem man die Lernmotivation und Leistung von Schülerinnen und Schülern nachhaltig steigern könnte. Mit dem man sehr unterschiedliche Kinder und Jugendliche – bezüglich ihrer Lernniveaus und Kompetenzen, ihrer Nationalitäten, auch ihrer Beeinträchtigungen und Behinderungen – in strukturierten Gruppenprozessen zum gemeinsamen Arbeiten brächte. Und mit dem man Kollegiumsprojekte, Schulentwicklungsprozesse oder Elternmitarbeit initiieren und am Laufen halten könnte. Unterricht und Konferenzen interessant gestalten – und manches andere. Sie winken ab, weil sie sich das eben nicht vorstellen können? Dann sollten Sie sich eine der Schulen ansehen – sei es in Bayern, Niedersachsen oder Nordrhein-Westfalen, die durch das Konzept des Kooperativen Lernens zu dem geworden sind, was sie heute auszeichnet: mitreißende Schulen mit einem entspannten, sozialen Lernklima und hohem Leistungsniveau. Und Sie sollten sich mit dem Kooperativen Lernen auseinandersetzen …

Kooperatives Lernen ist – zugegeben – komplex. Es folgt einer eigenen Philosophie (die u. a. auf John Dewey, vor allem aber auf Ergebnissen der Lehr-Lern-Forschung basiert und auf Erkenntnissen über zu erwartende soziologische und ökonomische Entwicklungen), verfügt über ein elaboriertes Methodenrepertoire und lässt sich am besten durch „Learning by doing", also in Trainings und Workshops, aneignen. Nicht wenige der oben erwähnten Schulen haben eben dies getan – und am Anfang eine Woche lang mit Norm und Kathy Green Cooperative Learning trainiert, um das Konzept dann im Laufe der Zeit und auf der Grundlage des verfügbaren Methodenrepertoires für die je schulspezifischen Entwicklungsaufgaben, Probleme und Unterrichtsvorstellungen zu nutzen.

Kooperatives Lernen ist kluges, kräfteschonendes Umgehen mit der Heterogenität von Lernenden (und Lehrenden), mit Alltagskonflikten, mit Leistungsansprüchen und -motivation sowie mit den sozialen Kompetenzen aller an Schule (oder Hochschule) Beteiligten. Es ist eine der zukunftsorientierten Reaktionen auf – nicht erst seit PISA – zunehmende Forderungen nach „mehr Leistung" seitens der Bildungspolitik bei immer einschneidenderen Sparappellen und knapperen Ressourcen. Gleichzeitig und als eine Art Gegenbewegung ist eine Art pädagogischer Renaissance des „sozialen Lernens" zu beobachten. Das zunehmende Interesse an sozialen Lernprozessen hat vielfältige Gründe. Eine Erosion der Sozialkultur zählt ebenso dazu wie die Multikulturalität moderner Gesellschaften, partizipative Strukturen in der Arbeitswelt und Phänomene der „veränderten Kindheit" *(Fölling-Albers 1992, S. 36 f.).*

Kooperatives Lernen steht zudem in einer Wechselwirkungsbeziehung mit den – von LehrerInnen vielfach beschriebenen – abnehmenden sozialen Kompetenzen heutiger Kinder und Jugendlicher. In einer 1988/89 durchgeführten Befragung von fast 900 bayerischen und niedersächsischen Grundschullehrerinnen und -lehrern gaben 66 % an, dass „heutige Kinder eher ichbezogen", und 61 %, dass sie „im Vergleich zu früher wenig rücksichtsvoll seien" und dass „soziales Arbeitsverhalten" erst entwickelt und eingeübt werden müsse *(Fölling-Albers 1992, S. 34, 36, 38).* Auch würden die Kinder ihre je individuelle Beachtung stärker einfordern *(a. a. O., S. 49).*

Damit einher geht eine Veränderung der elterlichen Erziehungsziele. Eltern legen heute mehr Wert auf die Selbstständigkeit und das Durchsetzungsvermögen ihrer Kinder sowie auf deren Individualität und weniger Wert auf Gehorsam und Unterordnung *(Fend 1988, S. 113 ff.)*. Nicht wenige Lehrerinnen und Lehrer nehmen das Verhalten heutiger Kinder als „weniger normiert" sowie „schlechter vorhersehbar" wahr und beklagen eine „Zunahme auffälligen Schülerverhaltens" *(Jürgens 1996, S. 26)*.

In einer gegenläufigen Diskussionslinie werden die sozialen Kompetenzen der Lehrerinnen und Lehrer selbst thematisiert – ein bisher wenig beachteter Aspekt ihrer Professionalität. Lehrer müssen heute sehr komplexen Anforderungen genügen. Sie müssen einerseits „Umgangsformen und Verhaltensregeln durchsetzen", um Ansprüchen an ihre Klassenführung sowie an den Leistungszuwachs der Kinder gerecht zu werden, sie sollen andererseits „möglichst viel Rücksicht auf die Individualität und psychische Befindlichkeit der einzelnen Schüler nehmen" und „ohne implizite Abqualifizierung" auf ein „sehr breites Verhaltensspektrum von Kindern" reagieren *(Jürgens 1996, S. 29)*. Dies gelingt bei Weitem nicht allen. So stellt Bohnsack fest, dass „die Kompetenz" von Lehrerinnen und Lehrern „auf diesem Gebiet [...] zwar individuell verschieden" sei, oft aber auch schlichtweg fehle, sodass sie „oft an Widerständen von oder Problemen mit SchülerInnen scheitern, alternative Lehr-Lern-Verfahren verfrüht aufgeben und bekehrt zu traditionell lehrerzentrierten oder gar autoritären Praktiken zurückkehren" *(Bohnsack 1996, S. 66)*. Das Umgehen mit Heterogenität – und damit ist ja nicht nur das Leistungsspektrum gemeint – scheint vielen Pädagoginnen und Pädagogen schwerzufallen. Ein Ergebnis, das PISA wiederum mit Blick auf die sogenannten Optimalklassen – jenen Klassen, in denen abnehmende Leistungsunterschiede zwischen den Lernenden bei einem insgesamt überdurchschnittlich hohen Lernzuwachs zu verzeichnen sind – bestätigt hat.

Gemäß der Philosophie Norm Greens sind Lehrende immer zugleich auch – kooperativ – Lernende. Beispielsweise, indem sie gemeinsam herausfinden, was in ihrem ganz alltäglichen Unterricht gut ist und wo Veränderungen, etwa andere Arbeitsformen, methodische oder mediale Anreicherungen, zu höherer Lernmotivation und -effektivität führen können. Beim Kooperativen Lernen geht es nicht um Lehrerkritik oder gar Lehrerschelte, sondern um konsequentes Enrichment. Und um eine Kultur der gegenseitigen Unterstützung. Insofern kann kooperatives Lernen kaum auf das je eigene Klassenzimmer beschränkt bleiben, sondern sollte zumindest im Laufe der Zeit die gesamte Schule erfassen. Kooperatives Lernen ist keine Disziplin für Einzelkämpfer ...

Studien zu den Auswirkungen von Lehrerverhalten auf die Sozialstruktur von Schülergruppen haben u. a. ergeben, dass „Ermutigung, Geduld, Achtung und Hilfe der Lehrerinnen und Lehrer (...) die Entwicklung einzelner Schüler und den Umgang" insofern fördern, „als Ängste ab- und Selbstvertrauen zunahmen, sich weniger Ablehnung und mehr Gegenseitigkeit zeigte" *(Petillon 1982, S. 442)*. Gelingt es Lehrern nicht, eine solche wertschätzende Haltung gegenüber ihren SchülerInnen einzunehmen, unterstützen sie damit – unbewusst – Ausgrenzungsprozesse. Zudem bestätigt ein Blick auf die zahlreichen amerikanischen Untersuchungen zum Cooperative Learning, dass „das bloße Zusammenbringen von Schülerinnen und Schülern zu Gruppen weder fachlich noch sozial notwendig zu positiveren Ergebnissen führt als konkurrenzorientierte Lernprozesse" *(Bohnsack 1996, S. 65 f.)*. Aus diesem Grund wird auf Gruppenbildungsprozesse und eine unterstützende Feedback-Kultur beim Kooperativen Lernen viel Wert gelegt – und zunächst auch Zeit investiert.

Soziale Kompetenzen

Der Begriff Kompetenz umfasst nach Oerter zunächst „eine Vielzahl von Einzelleistungen und -fertigkeiten, die sich im Laufe der Entwicklung zu jeweils einem bestimmten Niveau der Bewältigung von Lebensaufgaben organisieren" *(Oerter 1994, S. 27)*. Unter sozialen Kompetenzen werden solche Fähigkeiten und Fertigkeiten verstanden, die Menschen helfen, soziale Interaktionssituationen (alters-)angemessen zu erkennen und einzuschätzen sowie darauf aufbauend in diesen erfolgreich zu handeln.

Das Verständnis des Begriffes sozialer Kompetenz(en) ist vielfältig und wird je nach Kontext mit unterschiedlichen Verhaltenskatalogen gefüllt. Zu den sehr häufig erscheinenden Komponenten in arbeits- und organisationspsychologischen Kontexten zählen Kommunikations- und Kooperationsfähigkeit, Durchsetzungs- und Konfliktfähigkeit, Empathie und Flexibilität *(Friede 1994)*. Neben der sozialen Effizienz – und Akzeptanz – kommt in der entwicklungspsychologischen Begriffsbestimmung vor allem die Altersbedingtheit zum Tragen *(Schmidt-Denter 1999, S. 123)*.

Die diesbezügliche Forschung orientiert sich vor allem an folgenden Fragestellungen: Entwicklung von sozialer Kognition, von prosozialem Verhalten, von Freundschaften und Freundschaftsverständnis, Entwicklung von Ablehnung und Zuneigung gegenüber Peers sowie von Konkurrenz und Kooperation *(Oerter 1994, S. 27)*.

Im Vorschul- und Schulalter sind Gruppenbildungen mit „sozialer Hierarchisierung" verbunden, wobei zunächst zwischen Dominanz- und Aufmerksamkeitshierarchie unterschieden wird. Erstere verhilft solchen Kindern zu einem hohen Status in der Gruppe, „die durchsetzungsfähig sind und Konflikte häufig für sich entscheiden können"; Letztere solchen, die „im Mittelpunkt der Aufmerksamkeit" der anderen stehen, „Initiatoren von Spielen" sind und „als Helfer und Unterstützer" fungieren *(Schmidt-Denter 1999, S. 125)*.

Weiterhin wird unterschieden zwischen symmetrischen und asymmetrischen Beziehungen. In symmetrischen Beziehungen lernen Kinder vor allem Kooperationsformen als gleichberechtige und gleichbefähigte Partner kennen. Asymmetrische Beziehungen hingegen sind durch Statusgefälle und Entwicklungsabstände geprägt. Günstigenfalls lernen jüngere oder leistungsschwächere Kinder dabei „durch Imitation und Beobachtungslernen" und ältere bzw. leistungsstärkere Kinder durch die aus den Anforderungen der anderen resultierenden „Entwicklungsimpulse" *(a. a. O.)*. Ungünstigenfalls führen asymmetrische Beziehungen „zu Erfahrungen des Abgelehntwerdens" und ggf. auch „zu einer Manifestierung" einer „bestehenden Außenseiterposition". Sie führen zudem insbesondere bei lern- und leistungsschwächeren Kindern zu einer unzureichenden Lernzeitnutzung und dementsprechend zu – Kinder und Lehrer – enttäuschenden Lernergebnissen *(Lipowsky 1999, S. 202)*.

Freundschaftsbeziehungen scheinen sich dagegen nicht nur besonders förderlich auf die Ausbildung sozialer Kompetenzen auszuwirken *(Wagner 1991)*, sondern auch auf die Ergebnisse und Effizienz kooperativer Lernprozesse *(Biskup 1994)*.

In einer Studie von Biskup mit 122 Schülerinnen und Schülern der Klassenstufen 1, 4 und 6 „beschränk(t)en sich viele nicht befreundete Kinder darauf, nebeneinander zu arbeiten und schließlich ihre Ergebnisse zusammenzuschreiben, damit nach außen hin ein gemeinsames Ergebnis präsentiert werden" konnte *(Biskup 1994, S. 14)*. In solchen – oder vergleichbaren – Situationen haben Lehrerinnen und Lehrer zu Recht den Eindruck, dass

Kinder „nicht in der Lage sind, Aufgaben gemeinsam zu bearbeiten" *(a. a. O., S. 15)* und ihre Lernzeit angemessen zu nutzen.

Solche und weitere ernüchternde Erfahrungen, wie der bei Gruppenarbeiten stets ansteigende Geräuschpegel, die nicht durchweg aufgabenbezogenen Aktivitäten der Schülerinnen und Schüler, die Weigerung von manchen Kindern, mit „unbeliebten" Kindern zu arbeiten, dürften dazu beigetragen haben, dass Gruppenunterricht in pädagogischen Fachdiskussionen und -publikationen zwar propagiert, im Schulalltag allerdings nach wie vor selten realisiert wird.

Dies wiederum hat dazu geführt, dass – anders als im angloamerikanischen Raum – in der Erziehungswissenschaft kaum noch ein Interesse an der weiteren Erforschung oder Entwicklung des Gruppenunterrichts besteht. Es ist daher naheliegend – und seit Ende der Neunzigerjahre zu beobachten –, dass Publikationen zum Cooperative Learning oder zur Cooperative Group Work in Deutschland rezipiert und diskutiert werden. Mit dem Band von Norm und Kathy Green liegen dafür erstmals Originaltexte des wohl weltweit bekanntesten Trainerpaares vor.

Gruppenunterricht

Betrachtet man die Vorschläge, die Ernst Meyer, dessen Klassiker zum Gruppenunterricht von 1954 nach vierzig Jahren in der neunten Auflage erschien, zur Gruppenarbeit und -bildung macht, erkennt man sowohl Unterschiede als auch Gemeinsamkeiten mit dem Kooperativen Lernen angloamerikanischer bzw. kanadischer Ausprägung. Meyers Art der Unterrichtsgestaltung ließe sich allerdings auch in einem weiteren Kontext nachträglich als sogenannter offener Unterricht beschreiben. Die Schülerinnen und Schüler lernen in hohem Maße selbstbestimmt und haben auch bezüglich thematischer Entscheidungen Mitspracherechte. Unter diesem Aspekt ist Meyer bisher kaum rezipiert worden, da offene Lernsituationen von Pädagoginnen und Pädagogen wesentlich als individualisierte Form aufgefasst werden – von Gesprächskreisen einmal abgesehen –, die es Kindern ermöglichen, mit Materialien ihrer Wahl und freier Zeiteinteilung eigenständig umzugehen *(Jürgens 1999, S. 47)*. In den Publikationen zum offenen Unterricht sind kooperative Lernformen eher implizit als explizit diskutiert worden.

Seit Mitte der Neunzigerjahre wird das in den USA und Kanada als Unterrichtsprinzip wie auch in der Hochschul- und Schulentwicklung etablierte Cooperative Learning in die pädagogische Diskussion Deutschlands reimportiert. Zu den Grundgedanken gehört, dass die Beteiligten in einem von vornherein methodisch strukturierten Prozess so miteinander und voneinander lernen, dass jede und jeder sich einbringen kann, niemand ausgegrenzt wird und alle für den Prozess wie für das Ergebnis Verantwortung übernehmen *(Green/ Heckt 2000, Weidner 2002, Green/Green 2004)*.

Drei Minimalbedingungen sind für solcherart kooperative Lernarrangements unerlässlich: „Spielraum für Entscheidungen, wechselseitige Verantwortlichkeit für das Lernen der Gruppenmitglieder, individuelle Verantwortung für die Gruppenleistung" *(Huber 2000, S. 57)*.

Zudem impliziert Kooperatives Lernen in der in den USA und in Kanada praktizierten Prägung

- ein elaboriertes Methodenrepertoire zur Strukturierung von Gruppen- und Arbeitsprozessen, das nachhaltige Entwicklungsprozesse mit einiger Wahrscheinlichkeit erreichbar werden lässt *(Bennett/Green 1995)*
- eine Feedback-Kultur, die kognitive, soziale und emotionale Prozesse thematisiert und so die Strategiebildung wie den Kompetenzerwerb gleichrangig mit dem Wissenserwerb fordert und fördert *(Slavin 1983)*.

Lerntheoretisch betrachtet unterstützt die Auseinandersetzung mit und die Kommunikation über einen Sachverhalt aus verschiedenen Perspektiven sowie das Verknüpfen mit ähnlichen Sachverhalten in der Kleingruppe Deep-processing-strategies *(Entwistle 1995)*, also das Bemühen von Lernenden, die tiefere Bedeutung eines Sachverhaltes zu verstehen und Beziehungen zu anderen Wissens- oder Erfahrungsbereichen herzustellen, anstatt sich mit Surface-level-strategies und damit im Wesentlichen mit dem Einprägen von Sachwissen o. Ä. zu begnügen *(Wild/Krapp/Winteler 1992, S. 283 ff.)*.

Da die meisten im Kontext kooperativer Lernarrangements gestellten Fragen und Aufgaben relativ ergebnisoffen strukturiert sind, kultivieren die Lernenden zudem einen problemorientierten Lernstil. Methoden- und Sachkompetenz werden während der thematischen Arbeit durch – je altersangemessen formulierte und organisierte, aber obligatorische – Feedbacks gefördert. Kritisch anzumerken ist allerdings, dass Kooperatives Lernen mit einem hohen Grad an Offenheit sich als ungünstig für Schülerinnen und Schüler erweist, die ein hohes Maß an Sicherheit und Struktur benötigen. Sie erreichen in formellen, für sie überschaubaren Unterrichtssituationen höhere Lernleistungen und zeigen weniger Ängstlichkeit *(Huber 2000, S. 69; Lipowsky 1999, S. 33 ff.)*. Bei der Arbeit mit lernbehinderten oder geistig behinderten Kindern ist dies unbedingt zu berücksichtigen.

Während Meyer wenige, im engeren Sinne methodische Vorschläge zur Organisation und Durchführung von Gruppenarbeit macht, dafür aber seine eigenen Erfahrungen *damit* und Entscheidungen *dabei* transparent werden lässt und mit Beispielen belegt, zeichnet sich der Ansatz von Green durch ein umfangreiches Methodenmanual aus, das Vorschläge zur Bildung einer Gruppenidentität, zum Aufbau einer Feedback-Kultur sowie einer positiven Abhängigkeit der Gruppenmitglieder voneinander, zur Strukturierung verschiedener Arbeitsprozesse, zur Bildung immer wieder neuer und anderer Gruppen, zur Präsentation von Ergebnissen usw. umfasst.

Meyers Vorschläge sind implizit an didaktisch und diagnostisch kompetente sowie kreative Lehrerinnen und Lehrer gerichtet. So führt Meyer zum Problem der Gruppenbildung aus, dass sich dieses „nicht einheitlich regeln lässt" und dass „der Arbeitsinhalt, das Alter der Kinder, die äußeren Raum- und Arbeitsverhältnisse … weitgehend die Art, wie sich die Klasse in Gruppen auflöst", bestimmen. Die ersten Gruppenbildungen betrachtet er zudem als vorübergehend, da sich erst „mit der Dauer des gemeinsamen Zusammenarbeitens" und der „gegenseitige(n) Kenntnis" ein vielschichtiges und verzweigtes „Netz persönlicher Bindungen" sowie ein „Gefühl der äußeren Solidarität und der gegenseitigen Toleranz" bildet. Erst dann soll der Lehrer „auf Grund von soziometrischen Messungen gruppieren oder die Kinder sich selbst gruppieren lassen" *(Meyer 1996, S. 47)*.

Beim Kooperativen Lernen werden von Anfang an Gruppenbildungsprozesse und -strukturen fokussiert, die das Ausagieren gegenseitiger Abneigungen in und bei der Gruppenarbeit verhindern bzw. verringern sollen. Dieser Fokus ist u. a. auch darauf zurückzuführen, dass mittels kooperativer Lernprozesse Rassendiskriminierungsprozesse in amerikanischen

Schulklassen seit den 70er-Jahren (bzw. der Aufhebung der Rassentrennung) bearbeitet wurden – und werden. Zu den auch in Deutschland in diesem Kontext bekannt gewordenen Einzelmethoden kooperativen Lernens gehört die Jigsaw-Methode *(Aronson 1978)*.

Meyer unterscheidet im Wesentlichen Interessen und Begabungsgruppen (künstlerisch-musischer Bereich), leistungsheterogene bzw. -homogene und differenzierende, d. h. arbeitsteilige bzw. arbeits-/themagleiche Gruppen. Jede Gruppe wählt einen Gruppenleiter, der die Gruppe kameradschaftlich führt *(Meyer 1996, S. 57)* und sich z. B. um Arbeitsmittel kümmert, darum, dass es nicht zu laut wird, die Zeit im Blick behalten wird o. Ä. Beim Kooperativen Lernen im Sinne Greens werden solche Aufgaben in die Verantwortung verschiedener Schüler übergeben. Allein die Rolle des „Zeitnehmers" ist mit jeder anderen Rolle vereinbar. Bei der Gruppenbildung nach soziometrischen Aspekten folgt Meyer den Grundsätzen, einem bei anderen nicht beliebten bzw. von seinem eigenen Wunschpartner nicht gewählten Kind seine eigene „erste Wahl" nach Zusammenarbeit mit einem anderen Kind in der Gruppe zu erfüllen, „abgelehnte Kinder" nicht zusammen in eine Gruppe zu setzen und zu überprüfen, ob jedes Kind mit zumindest einem anderen Kind seiner Wahl in einer Gruppe arbeiten kann *(Meyer 1996, S. 60)*. Dies erfolgt aber eben erst nach einer längeren Phase anders organisierter Gruppenarbeit, in deren Verlauf sich gegenseitige Akzeptanz entwickelt haben sollte. Was allerdings, wenn man – in Normalklassen erhobene – Forschungsdaten von Petillon heranzieht, nicht vorausgesetzt werden kann und in Integrationsklassen besonderer Achtsamkeit seitens der Lehrkraft bedarf.

So erweisen sich Führungs- wie Außenseiterpositionen von Kindern während der ersten beiden Schuljahre als weitgehend stabil, setzten Mädchen „ihre soziale Kompetenz auch dafür" ein, „sehr gezielt auf Schwächen eines Kindes einzugehen und dessen Notlage strategisch (zu) nutzen", passten sich Jungen „einem erreichten Gewaltniveau in der Gruppe" an und verloren leistungsschwächere Kinder „zunehmend an positiven Kontaktmöglichkeiten in der Gruppe" und hatten es „besonders schwer, Leistungsrückstände aufzuholen", zumal sie „auch vom Lehrer eher selten die notwendige Zuwendung" erhielten *(Petillon 1994, S. 17 f.)*.

Beobachtungsstudien in Integrationsklassen haben allerdings ergeben, dass hier im Vergleich zu den untersuchten Regelklassen „der Erhalt von Hilfe und das Helfen unter Schülern auf mehr als das Vierfache" anstiegen. „Die vielfältigen integrativen Maßnahmen tragen hier zur Verbesserung der Akzeptanz und Unterstützung sowie des Sozialklimas insgesamt bei" *(Dumke 1997, S. 347)*. Verweigerungshaltungen seitens der Schüler wurden in Integrationsklassen insgesamt sehr viel seltener beobachtet als in Normalklassen.

Zwischen miteinander befreundeten Jugendlichen ist die Bereitschaft, „sich einfühlsam auf den anderen einzulassen und Konflikte konstruktiv zu lösen", vorhanden. „Im Hinblick auf die übrige Schülergruppe fehlt in vielen Fällen die Motivation, differenzierte soziale Konzepte und soziale Sensibilität zu realisieren. Die Jugendlichen haben häufig Probleme, sich weiteren Kontakten zu öffnen, sich Gruppenforderungen zu stellen und aktiv an der Gruppengestaltung zu beteiligen" *(a. a. O.)*. Sie durch adäquat strukturierte kooperative Lernangebote und -arrangements zu fördern und vorhandene soziale Kompetenzen ziel- und gemeinschaftsorientiert weiterzuentwickeln ist die pädagogische Herausforderung.

Die sozialen Kompetenzen und das kooperative Lernen von Jugendlichen wie von Erwachsenen stehen in einer Wechselwirkungsbeziehung, über die wir inzwischen einiges, aber bei Weitem nicht alles wissen. So ist beispielsweise „die persönliche Einstellung des Pädagogen zum wie auch immer behinderten Kind ... ein entscheidender Schlüssel zum Gelingen oder Nichtgelingen einer Integration" *(Hellbrügge 1995, S. 18)*.

Kooperatives Lernen mit behinderten Kindern

Der von Norm und Kathy Green vertretene Ansatz geht von Heterogenität aus und ist insgesamt integrativ. Arbeitsgrundlage ist die positive Abhängigkeit der Gruppenmitglieder voneinander. Zieldifferentes Unterrichten stellt im Konzept des Kooperativen Lernens kein Problem dar. Die Herausforderung für die Lehrenden besteht vielmehr darin, passende Aufgaben für die jeweiligen Schülerinnen und Schüler zu finden und vorzustrukturieren. Eine entsprechende Wertschätzung aller Lernenden – sowohl besonders begabter als auch beeinträchtigter oder durch geistige Behinderungen stark eingeschränkter – vorausgesetzt.

Die in etlichen Lehrerköpfen (und natürlich auch Elternköpfen) vorhandene Vorstellung, man könne in einer Klasse entweder begabte Schülerinnen und Schüler fördern oder aber solche mit Lernschwierigkeiten oder Behinderungen, lässt sich empirisch nicht belegen. Sie stellt vielmehr eine Aussage über die mangelnde Adaptivität des Unterrichts dar. Oder anders gesagt: „Der herkömmliche lehrerzentrierte Klassen- bzw. Frontalunterricht mit seiner selektiven Komponente" ist für die integrative Arbeit schlichtweg ungeeignet *(Dumke 1997, S. 343)*. Offene Lernsituationen wiederum sind für behinderte Kinder manchmal zu wenig strukturiert, um sie angemessen zu fördern und zu fordern. Aber das lässt sich wie so vieles in der Pädagogik nicht generalisieren.

Ermutigende Integrationserfahrungen liegen beispielsweise seit Langem in der Münchener Montessori Schule vor (die aufgrund der Bayerischen Sonderschulgesetze als Schulversuch läuft) *(Hellbrügge 1995, S. 13)*. Hier werden – nach sehr positiven Erfahrungen im integrativen Montessori-Kindergarten – auf Elternwunsch hochintelligente und behinderte Kinder gemeinsam erzogen – inzwischen seit über dreißig Jahren. Dabei wird darauf geachtet, dass die Anzahl der nichtbehinderten Kinder überwiegt, d. h., in eine Klasse von 20 bis 25 Schülern werden fünf bis sechs Kinder mit verschiedensten Behinderungen aufgenommen. Als besonders günstig hat sich das Prinzip der Jahrgangsmischung erwiesen. Sie „bietet eine Vielfalt von sozialen Anknüpfungspunkten. Der Erstklässler, der vor Jahresbeginn in die altersgemischte Gruppe eintritt, findet ein funktionierendes Sozialgefüge vor ... Die altersgemischte Klasse ermöglicht es dem Lehrer, den von ihm vorbereiteten Unterricht in Deutsch und Mathematik, auch in Sachkunde, jeweils in kleinen Gruppen zu erteilen. Die altersgemischte Gruppe hat sich schließlich auch auf das Spielen in der Pause auf dem Hof positiv ausgewirkt, weil Rivalität in den verschiedenen Jahrgangsstufen verschwindet und weil damit die Integration der behinderten Kinder noch leichter geworden ist" *(Hellbrügge 1995, S. 14 f.)*. Aus der integrativen Grundschule hat sich eine integrative Hauptschule entwickelt, der eine Schule für lernbehinderte sowie eine Schule für geistig behinderte Kinder zu Seite gestellt wurde, die sich allerdings in der Schule selbst als „Schultypen nicht voneinander unterschieden". Die Zuweisung ergibt sich „aus der Notwendigkeit der pädagogischen Zuwendung, also auch der Sozialentwicklung" *(Hellbrügge 1995, S. 15)*.

Bleibt die immer wieder gestellte Frage nach dem Lern- und Leistungszuwachs der behinderten wie der nicht behinderten Kinder. Die vorliegenden Studien zeigen, dass das bewusste Umgehen von Lehrerinnen und Lehrern mit Heterogenität zu einer angemessenen Förderung aller Schülerinnen und Schüler führt *(Bless & Klaghofer 1991, Dumke 1993)*. Studien darüber, wie sich eine konsequente Arbeit nach dem Konzept des Kooperativen Lernens in Integrationsklassen auf die Schülerleistungen auswirkt, liegen derzeit für Deutschland noch nicht vor. Zu beobachten ist allerdings, dass in Integrationsklassen „eine erhebliche Reduzierung des Klassenunterrichts ... zugunsten von Einzel-, Partner- und Gruppenarbeit stattgefunden" hat *(Dumke 1997, S. 344)*. Kooperatives Lernen könnte hier zu einer Anreicherung führen, die auch im kognitiven Bereich zu noch günstigeren Ergebnissen führt. Zudem könnte Kooperatives Lernen die Schwelle für Lehrerinnen und Lehrer, sich mit integrativer Erziehung zu beschäftigen, niedriger werden lassen, da es für viele Alltagssituationen erprobte und übertragbare Gestaltungsangebote macht.

Leider hat sich das deutsche Bildungssystem bisher der integrativen Erziehung nicht ausreichend angenommen. Ein konsequentes Akzeptieren von Heterogenität als Lernchance für alle Schülerinnen und Schüler, eine Ausbildung von Lehrkräften für das Umgehen damit sowie der Abschied von einer stark selektierenden Schulkultur (die sich im internationalen Vergleich eben nicht als besonders leistungsfördernd erwiesen hat) könnten Bewegung in unser erstarrtes System bringen.

Was bisher fehlt, sind integrative Konzepte, die das disparate professionelle und methodische Können, das theoretische Wissen über Lehr- und Lernprozesse zusammenbringen und zu Unterrichtskompetenzen werden lassen. Sie entstehen derzeit u.a. an Schulen, die nach Orientierungen suchen, die sich in Netzwerken zusammentun und – selten systematisch, dafür aber oft erfolgreich – eine praxistaugliche und zukunftsfähige Didaktik betreiben. Oder anders gesagt: Sie beginnen, eine neue Lernkultur zu etablieren, die u. a. kooperatives Lernen im Klassenzimmer und im Kollegium beinhaltet.

So beginnt die Diskussion um kooperatives Gruppenlernen die um den offenen Unterricht abzulösen – und zugleich begegnen wir einem Phänomen, das auch die Bewegung offener Unterricht prägte: Die schulische Praxis ist vielerorts weiter als die Erziehungswissenschaft und die Allgemeine Didaktik zur Kenntnis nehmen. Und andernorts scheint die – pädagogische – Zeit stehen geblieben zu sein. Trotz verordneter Schulprogrammarbeit, trotz des sogenannten PISA-Schocks, der bisher letztlich nicht allzu viel bewirkt hat; und auch die Einführung von Bildungsstandards muss ja ihre niveausteigernde Wirkung in Deutschland zunächst einmal beweisen. Ein Blick auf die Länder, deren Schülerinnen und Schüler bei PISA durch ein hohes Kompetenzniveau auffielen, zeigt, dass dort keineswegs die Standards allein zum Erfolg führten.

Kooperatives Lernen, wie es in Durham – und nicht nur dort – praktiziert wird, ist ein integrativer, entwicklungsorientierter Ansatz. Und er ist etwas anderes als das Gruppenlernen, das viele Lehrerinnen und Lehrer mit der Bemerkung „... hatten wir doch alles schon!" abqualifizieren. Es stellt im Sinne der schulischen Qualitätsdiskussion eine „best practice" im Klassenraum wie im Lehrerzimmer dar: alltagspraktisch und methodisch, bezüglich der geförderten kognitiven wie sozialen Kompetenzen. Insofern ist es tatsächlich eines für alles ...

Dietlinde Hedwig Heckt

Kapitel I

Auf welchen Grundannahmen basiert Kooperatives Lernen?

Einleitend finden Sie in diesem Kapitel Statements zu den Grundlagen des Kooperativen Lernens und Lehrens – elementare Kernaussagen, die die Basis bilden für die nachfolgenden theoretischen Ausführungen und praxisorientierten Anregungen.

→ Hier finden Sie
zwölf Lernprinzipien,
die grundlegend für
das Kooperative
Lernen sind.

Sowohl aus der Forschung als auch aus der Praxis und durch den „gesunden Menschen-verstand" wissen wir viel darüber, wie wir lernen. Beim Versuch, das vielfältige Wissen zu diesem Thema in ein brauchbares Format für Lehrer, Eltern und Schüler zu bringen, sind wir auf zwölf Lernprinzipien gekommen. Diese Liste erhebt nicht den Anspruch, er-schöpfend zu sein, vielmehr ist sie unser Beitrag, die entscheidenden Aspekte von Lernen, gegründet auf unser Forschungsverständnis, unsere umfangreiche Erfahrung in Schulen und Klassenzimmern und unsere eigenen persönlichen Einsichten darzustellen.

Zwölf Lernprinzipien

1. Menschen sind fähig, ein Leben lang zu lernen.

2. Menschen versuchen, neue Informationen und Erfahrungen zu verstehen, indem sie sie mit dem in Zusammenhang bringen, was sie schon wissen.

3. Menschen lernen unterschiedlich.

4. Nachdenken über das eigene Denken verbessert die Leistung und die Fähigkeit, unabhängig zu arbeiten.

5. Die Entwicklungsstadien jedes Einzelnen beeinflussen das Lernen.

6. Obwohl Menschen vielleicht Verbindungen herstellen, während sie lernen, brauchen sie oft Hilfe, um Wissen in unterschiedlichen Kontexten zu verankern.

7. Ein Repertoire von Strategien unterstützt das Lernen.

8. Bestimmte Dispositionen, Haltungen und Geisteshaltungen erleichtern Lernen.

9. Die Zusammenarbeit mit anderen, die unterschiedliche Stile und Ansichten haben, verbessert Lernen.

10. Die, die die Arbeit machen, sind die, die lernen.

11. Ein ressourcenreiches Umfeld erleichtert das Lernen.

12. Das Kommunizieren darüber, was Qualität konstituiert, fördert das Lernen.

Genuine Reward: Commu-nity Inquiry into Connecting Learning, Teaching, and Assessing by Jill Mirman Own, Pat L. Cox, and John M. Watkins. The Regional Laboratory for Educational Improvement of the Northeast and Islands. 1994

Qualitätsentwicklung in Klassenraum und Schule

→ Sie als Lehrer sind der Motor! Ihr Fachwissen, Ihr Engagement ist die entscheidende Grundlage für die Weiterentwicklung von Schule und Unterricht.

Schülerengagement und Lernen

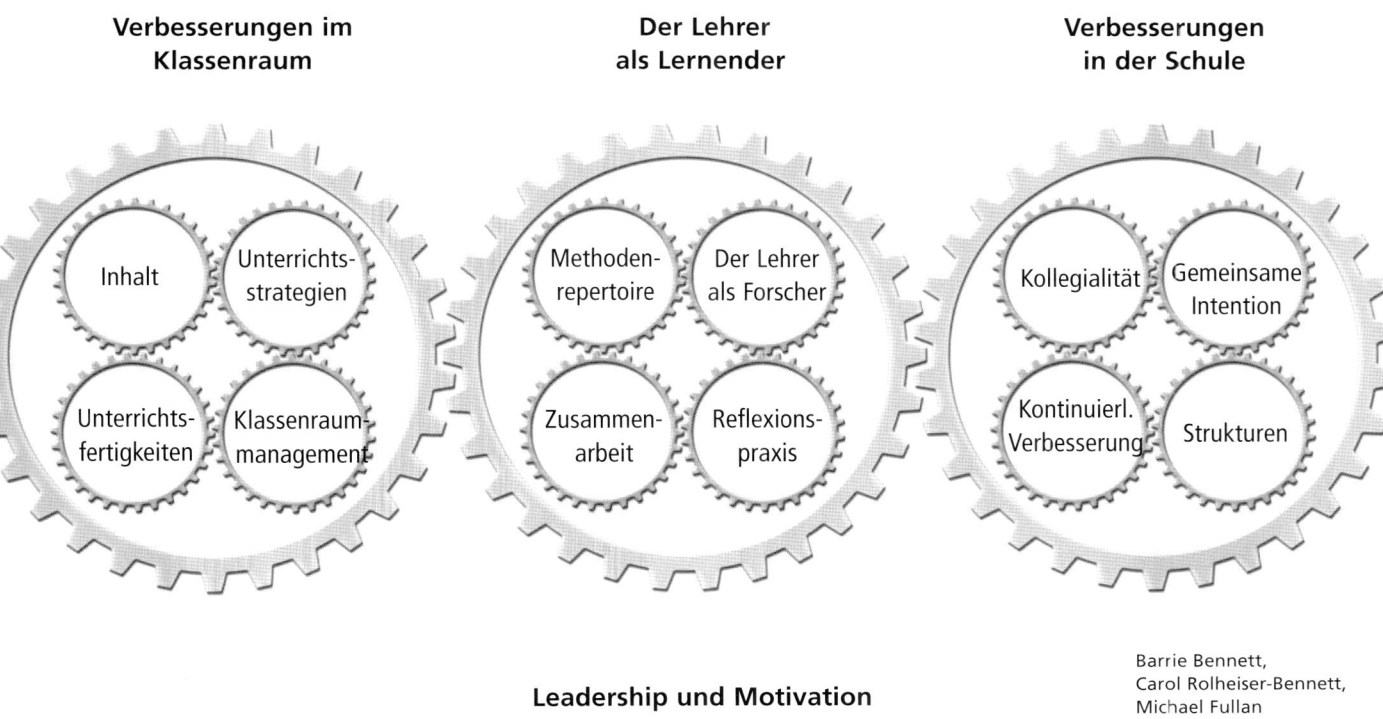

Verbesserungen im Klassenraum

- Inhalt
- Unterrichtsstrategien
- Unterrichtsfertigkeiten
- Klassenraummanagement

Der Lehrer als Lernender

- Methodenrepertoire
- Der Lehrer als Forscher
- Zusammenarbeit
- Reflexionspraxis

Verbesserungen in der Schule

- Kollegialität
- Gemeinsame Intention
- Kontinuierl. Verbesserung
- Strukturen

Leadership und Motivation

Barrie Bennett,
Carol Rolheiser-Bennett,
Michael Fullan

→ Was macht
Kooperatives Teamlernen
aus? Auf dieser Über-
blicksgrafik finden Sie
die Grundelemente der
Schülerinteraktion und
der Lehreraktivitäten.

Kooperatives Teamlernen

Ein Überblick

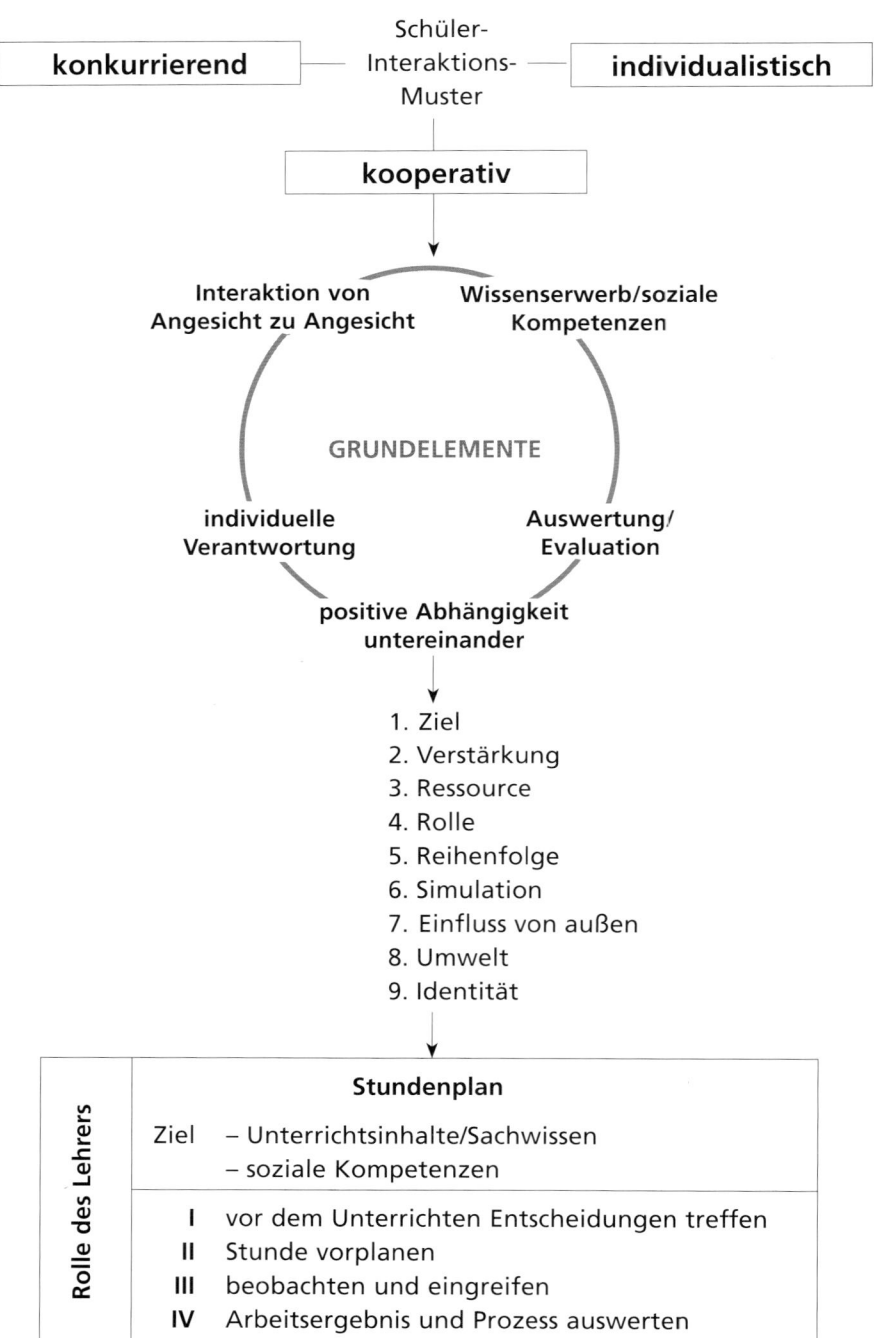

konkurrierend — Schüler-
Interaktions-
Muster — **individualistisch**

kooperativ

**Interaktion von
Angesicht zu Angesicht**

**Wissenserwerb/soziale
Kompetenzen**

GRUNDELEMENTE

**individuelle
Verantwortung**

**Auswertung/
Evaluation**

**positive Abhängigkeit
untereinander**

1. Ziel
2. Verstärkung
3. Ressource
4. Rolle
5. Reihenfolge
6. Simulation
7. Einfluss von außen
8. Umwelt
9. Identität

Rolle des Lehrers	**Stundenplan**	
	Ziel	– Unterrichtsinhalte/Sachwissen
		– soziale Kompetenzen
	I	vor dem Unterrichten Entscheidungen treffen
	II	Stunde vorplanen
	III	beobachten und eingreifen
	IV	Arbeitsergebnis und Prozess auswerten

Bennett, Rolheiser, Stevahn,
1991 Cooperative Learning,
Where Heart Meets Mind

Lernpyramide

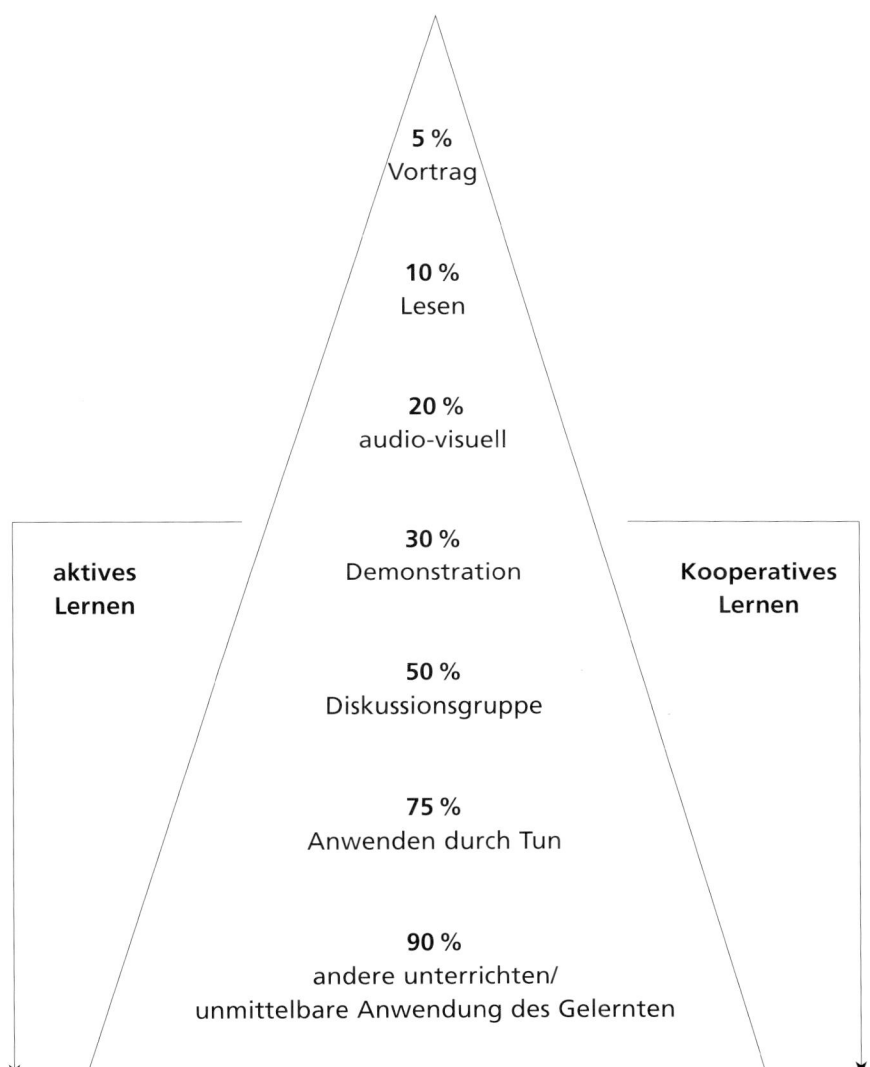

5 %
Vortrag

10 %
Lesen

20 %
audio-visuell

aktives Lernen

30 %
Demonstration

Kooperatives Lernen

50 %
Diskussionsgruppe

75 %
Anwenden durch Tun

90 %
andere unterrichten/
unmittelbare Anwendung des Gelernten

→ Reine Rezeption führt nur bedingt zum Erfolg. Ein nachhaltiger Lernerfolg ist am ehesten gewährleistet, wenn das Gelernte unmittelbar angewandt und genutzt wird.

Kapitel II

Was sollten Sie über Kooperatives Lernen wissen?

Wer etwas verändert, hat dafür meistens gute Gründe. Damit Sie die Chancen Kooperativen Lernens für Ihren Unterricht besser einschätzen können, folgen zunächst einige Forschungsaspekte. Hier erfahren Sie, welche Aspekte Kooperativen Lernens untersucht worden sind – und warum das Gesamtkonzept so erfolgreich sein kann. Diese Forschungsaspekte bieten zugleich (implizite) didaktische Anknüpfungspunkte.

Zur Notwendigkeit Kooperativen Lernens

→ Kooperatives Lernen antwortet auf die Bedürfnisse unserer pluralistischen Gesellschaft.

Ausbildungseinrichtungen in der ganzen Welt beschäftigen sich derzeit damit, ihre Unterrichtssysteme den Bedürfnissen des 21. Jahrhunderts anzupassen. Die traditionelle Sichtweise von Lehrerinnen und Lehrern war, Schüler als Empfänger von Wissen zu sehen, und die Rolle des Lehrers war, Wissen abzugeben. Diese Sicht ist dem Ziel gewichen, ein Schulklima einzurichten, das gegenseitig unterstützende soziale Settings fördert, in denen Schüler zusammen lernen und arbeiten, um Wissen zu erwerben und Probleme zu lösen. Folglich hängt der Lernerfolg von einer kooperativen Lernumgebung ab. Schülerinnen und Schüler müssen eine aktivere Rolle im Lernprozess übernehmen und Lehrer müssen Situationen schaffen, die dies unterstützen.

Kooperatives Teamlernen wird umso notwendiger, als unsere Welt immer differenzierter und komplizierter wird. In unserer pluralistischen Gesellschaft ist die Fähigkeit, zusammenzuarbeiten und Unterschiede zu erkennen und zu akzeptieren, eine Grundvoraussetzung, um bei den Lernenden ein Gefühl der Zusammengehörigkeit, der Toleranz und des gegenseitigen Respekts zu entwickeln.

Der Prozess des Lernens wird ebenso wichtig wie das Produkt, wenn Lehrer und Schüler daran arbeiten, eine Umgebung für positiv voneinander abhängige Lernende zu schaffen, die gemeinsam an kooperativen Aufgaben arbeiten. Diese Art des Lernens befähigt den Lehrer, in einer Zeit des Rückgangs finanzieller Mittel wertvolle Ressourcen zu nutzen – die Schülerinnen und Schüler selbst. Der Lehrer strukturiert das Lernfeld, indem er positive Abhängigkeit betont und soziale Kompetenzen fördert, um den gewünschten Lerneffekt zu beeinflussen.

Kooperatives Lernen bindet Lernende in einen aktiven, schülerzentrierten Lernprozess ein, der Problemlösungs- und Weiterbildungsstrategien entwickelt, die nötig sind, um die Herausforderungen des Lebens und des beruflichen Weiterkommens in unserer zunehmend komplexen Welt zu bewältigen.

David und Roger Johnson von der University of Minnesota haben 780 Studien ausgewertet, die für Kooperatives Lernen sprechen. Vier davon weisen auf bessere Leistungen, höheres Selbstwertgefühl, größere Akzeptanz von Unterschieden und eine Zunahme von positiven Verhaltensweisen hin.

1985 hat Bruce Joyce von der University of California eine Metaanalyse von 80 Unterrichtsstrategien vorgenommen. In seinem Buch „Unterrichtsmodelle" bestätigt er, dass der Hauptgrund für zunehmende Schülerleistungen Kooperatives Lernen war.

Forschungserkenntnisse über Kooperatives Lernen

1. Entwicklung von Denkfähigkeiten auf höherem Niveau *(Webb 1982)*

Schüler, die zusammenarbeiten, engagieren sich in ihrem Lernprozess, anstatt passiv den Lehrerinformationen zu folgen. Partnerarbeit stellt eine sehr effektive Form von Interaktion dar, gefolgt von Dreiergruppen und größeren Gruppen *(Schwartz, Black, Strange, 1991)*. Wenn Schüler paarweise arbeiten, hört einer zu, während der andere die zu bearbeitende Frage diskutiert. Beide entwickeln wertvolle Problemlösekompetenzen, indem sie Ideen formulieren, sie beschreiben und erläutern, unmittelbare Rückmeldung erhalten und auf Fragen und Kommentare ihres Partners antworten *(Johnson, D. W., 1971)*. Beide Schüler sind während der Unterrichtseinheit ständig beteiligt. Vergleichen Sie diese Situation mit einem Lehrervortrag, bei dem Schüler zuhören oder eben auch nicht *(Cooper, et al., 1984)*. Beim Kooperativen Lernen kann der Lehrer die individuellen Denkvorgänge einzelner Schüler beobachten und einschätzen.

→ Seit über 30 Jahren wird Kooperatives Lernen in der Praxis durch Forschung begleitet. Hier finden Sie eine Zusammenfassung der wichtigsten Forschungsergebnisse.

2. Förderung der Schüler-Lehrer-Interaktion und der Vertrauensbasis

Kooperative Lernprozesse ermöglichen es dem Lehrer oder der Lehrerin, im Klassenzimmer herumzugehen und die Schüler zu beobachten *(Cooper, 1984)*. Dabei kann er oder sie unmittelbar mit den Schülern oder mit einer Kleingruppe sprechen.

Lehrer können Fragen stellen, um Schüler in eine bestimmte Richtung zu lenken oder um Begriffe und Gedankengänge zu erläutern. Zusätzlich wird eine vertrauensvolle Basis geschaffen, mit den Schülern auf einer professionellen Ebene zu verkehren – etwa durch Annäherungen an Problemlösungen und über Aktivitäten und Haltungen, die die Leistung beeinflussen. Schüler erwähnen oft nebenbei, dass sie Schwierigkeiten außerhalb des Klassenzimmers haben in Bezug auf Arbeit, Familie, Freunde etc. Ein Sichöffnen kann zu einer Diskussion dieser Probleme zwischen Lehrer und Schüler führen, die für den Schüler nicht bedrohlich ist, weil sie informell bleibt.

3. Steigerung der Schülerbeteiligung

Schüler, die am Lernprozess aktiv beteiligt sind, sind mit größerer Wahrscheinlichkeit am Lernen interessiert, geben sich mehr Mühe und versäumen es seltener, die Schule zu besuchen *(Astin 1977)*. Eine Klasse, in der Schüler interaktiv sind, fördert ein Umfeld, das zu hoher Schülermotivation, -beteiligung und -anwesenheit führt *(Garibaldi 1976; Treisman 1985)*.

4. Erweiterung des Selbstwertgefühls *(Johnson & Johnson 1998)*

Kooperative Systeme steigern die Leistungen aller am Lernen Beteiligten im Gegensatz zu individualisierenden, konkurrierenden Systemen, bei denen viele Schüler zurückbleiben *(Slavin 1967)*. Konkurrenz fördert eine Gewinner-Verlierer-Situation, in der überlegene Schüler alle Anerkennungen und mittelmäßige oder wenig erfolgreiche Schüler nichts bekommen. Im Gegensatz dazu profitiert in einem kooperativen Klima jeder von der

Zusammenarbeit. Schüler helfen sich gegenseitig und bilden so eine unterstützende Gemeinschaft, die das Leistungsniveau jedes Einzelnen hebt *(Kagan 1986)*. Dies wiederum führt zu einem höheren Selbstwertgefühl bei allen Schülern *(Webb 1982)*.

5. Stärkung der Lernzufriedenheit

In der Regel finden Menschen Aktivitäten befriedigend, die ihre Kompetenzen hervorheben und die sie am Prozess beteiligen. Effektive Teams oder Gruppen „übernehmen" einen Prozess und dessen Ergebnisse, wenn die Beteiligten ermutigt werden, zusammen auf ein gemeinsames Ziel hinzuarbeiten, das oft auch von der Gruppe formuliert wird. Dieser Aspekt ist besonders hilfreich für jene, die eine negative, von Versagen geprägte Lerngeschichte haben *(Turnure & Zeigler 1958)*. Passive Unterrichtserfahrungen, bei denen Schülerinnen und Schüler lediglich Lehrerinformationen aufnehmen, sind eher unbefriedigend.

6. Unterstützung einer positiven Haltung

Kooperatives Lernen erzeugt ein höheres Leistungsniveau bei den Schülern *(Bligh 1972)*. Ihre Fähigkeiten zum kritischem Denken nehmen zu, ihre Behaltensleistung und ihr Interesse am Stoff verbessern sich *(Kulick & Kulick 1979)*. Wenn Schüler erfolgreich sind, betrachten sie den Unterrichtsgegenstand mit einer sehr positiven Haltung, weil er ihr Selbstwertgefühl steigert. Dies schafft einen positiven Kreislauf, indem gute Leistung das Selbstwertgefühl erhöht, was wiederum zu vermehrtem Interesse am Stoff und zu noch besseren Leistungen führt. Die Schüler teilen ihren Erfolg mit ihrer Gruppe und verstärken so beides, das Selbstwertgefühl des Einzelnen und das der Gruppe. Manche kooperativen Lernstrukturen formalisieren diesen Effekt, indem sie Leistungs- oder Verbesserungszertifikate an die Schüler ausgeben oder Extrapunkte an Gruppen für Verbesserungen eines Einzelnen oder einer Gruppe.

7. Entwicklung von Kommunikationskompetenz *(Yager 1985)*

Wenn Schüler paarweise arbeiten, verbalisiert ein Schüler seine Antwort, während der andere Fragen stellt oder kommentiert, was er gehört hat. Die Erklärung der eigenen Antwort ist ein sehr wichtiger Teil der Kooperation und repräsentiert eine Denkfähigkeit höherer Ordnung *(Johnson, Johnson, Roy, Zaidman 1985)*. Schüler, die sich gegenseitig unterrichten, müssen eine klare Vorstellung von dem Lerninhalt entwickeln, den sie darlegen und ihrem Partner mündlich vermitteln *(Neer 1987)*.

Tannenberg (1995) beschreibt Lernzuwachs, wenn fachspezifische sprachliche Kompetenzen entwickelt werden. „Wie in anderen Bereichen auch, benutzen Computer-Wissenschaftler eine spezialisierte Sprache, um ökonomisch und präzise miteinander zu kommunizieren. Dies beinhaltet nicht nur mathematische Symbole und Programmiersprachen, sondern auch zusätzliche Fachausdrücke und besondere Anwendungen der Sprache. Eine Konsequenz, wenn Schüler in kleinen Gruppen zusammenarbeiten, ist, dass sie miteinander sprechen und unmittelbar im Gebrauch einer disziplinspezifischen Sprache engagiert sind. Indem sie versuchen, ihre Gedanken bezüglich der zu lösenden

Probleme zu erklären – sei es über eine Grafik, ein Programm, einen Algorithmus, einen Beweis –, werden sie aus der Notwendigkeit heraus die Fachausdrücke erwerben, die diese Objekte beschreiben."

„Der zusätzliche Gewinn, wenn unsere Schüler Fachsprache benutzen, ist, dass sie in die Kultur unseres Faches eintreten können. Sie entwickeln die Fähigkeit, spezialisierte Veröffentlichungen zu verstehen und mit Vertretern (verschiedener Berufsgruppen) zu sprechen. Das bedeutet, dass der Erwerb einer Fachsprache das Tor zu einem immensen Wissensspeicher öffnet. Wir sollten darum nicht unterschätzen, was es bedeutet, wenn Schüler miteinander in der Sprache des Faches sprechen können, das wir unterrichten. Das soziale Umfeld von KL (Kooperativem Lernen) schafft diese Gelegenheit. Und hier ist es möglicherweise besser, dass die Schüler miteinander interagieren und nicht mit Experten, weil sie weniger damit beschäftigt sind, nicht dumm zu wirken, nicht wie Neulinge dazustehen, die neue Sprache und das Fach nicht zu beherrschen. Touristen zu sein in diesem fremden Land – wie einfach ist es da doch, sich mit anderen Touristen zu unterhalten!"

8. Training sozialer Kompetenzen

Eine Hauptkomponente Kooperativen Lernens, die *Johnson, Johnson und Holubec* (1984) herausgearbeitet haben, ist, dass Schüler in den sozialen Kompetenzen, die zur Zusammenarbeit nötig sind, trainiert werden. Schüler erwerben diese Kompetenzen nicht von allein. Im Gegenteil, in unserer Gesellschaft und den momentanen Ausbildungsgegebenheiten rangiert Konkurrenz vor Kooperation. Indem man Gruppenmitglieder bittet, die Verhaltensweisen zu beschreiben, die ihnen helfen zusammenzuarbeiten, und indem man sie bittet, ihren Anteil am Erfolg oder Versagen der Gruppe zu reflektieren, wird Schülern die Notwendigkeit für zuträgliche, positive, hilfreiche Interaktionen bewusst gemacht *(Cohen & Cohen 1991)*.

9. Förderung positiver interkultureller Beziehungen *(Johnson & Johnson 1972)*

Forschungen zur Wirkung von Kooperativem Lernen bei Schülern unterschiedlichen ethnischen und kulturellen Hintergrunds haben gezeigt, dass sich viele Vorteile ergeben *(Slavin 1980)*. Weil Schüler beim Entdecken von Sachverhalten und bei der Interaktion miteinander aktiv beteiligt sind, und das regelmäßig und unter Anleitung, sind sie fähig, Unterschiede zu verstehen, und lernen, soziale Probleme zu lösen, die auftreten können *(Johnson & Johnson 1985b)*. Schüler bezüglich Konfliktlösekompetenz zu fördern, ist eine Hauptkomponente kooperativen Lerntrainings *(Aronson 1978; Slavin 1993)*.

10. Teambildung bei Problemlösungen, bei gleichzeitiger individueller Verantwortung *(Cooper et al. 1984; Johnson, Johnson & Holubec 1994)*

Ein wesentlicher Aspekt von Kooperativem Lernen ist Teambildung. Dies wird durch eine Vielzahl von Techniken erreicht und während des gesamten Schuljahres angewandt. In den ersten Wochen des Kooperativen Unterrichts sind es Warm-up-Aktivitäten, das Kennenlernen der Namen von Mitschülern und praktische Übungen, die dabei helfen, sich aneinander zu gewöhnen. In höheren Jahrgängen sind Gruppenbildungsübungen und Gruppenprozesse wichtig, um zu verstehen, welche Aufgaben Schüler in ihren Gruppen übernehmen und was sie besser machen können. Im Hinblick auf die Verantwortlichkeit des Einzelnen wird am Ende jeder Einheit eine Klassenarbeit, eine Hausarbeit oder eine andere Art von Prüfung abgehalten, um bestimmen zu können, wie gut die einzelnen Schüler die Materie beherrschen *(Slavin 1983b)*. Gruppenprojekte oder Gruppentests können zusätzlich erfolgen. Während des Halbjahres können auch mündliche Prüfungen einzelner Schüler stattfinden, um so die Verantwortlichkeit des einzelnen Gruppenmitgliedes zu betonen. Es existieren zahlreiche Benotungsschemata, die beides vereinen, wie z. B. Bonuspunkte an die Gruppenmitglieder zu vergeben, wenn die Gruppe ihren vorherigen Notendurchschnitt bei einem Test übertrifft.

11. Unterstützung einer positiveren Haltung der Schüler gegenüber Lehrern, Schulleitern und anderem Schulpersonal sowie eine positivere Haltung der Lehrer gegenüber ihren Schülern

Das Engagement aller Beteiligten in einem kooperativen System ist sehr intensiv und persönlich. Die Schüler lernen ihre Lehrer besser kennen. Die Lehrer erfahren etwas über das Schülerverhalten, weil die Schüler viele Gelegenheiten haben, mit dem Lehrer zu sprechen. Kommunikationskanäle werden geöffnet. Lehrer haben mehr Möglichkeiten zu erklären, warum Richtlinien aufgestellt werden, und das System erlaubt den Schülern mehr Mitsprache beim Aufstellen von Regeln und bei der Wahl von Unterrichtsmethoden. Das Empowerment, das durch die vielen zwischenmenschlichen Interaktionen erfolgt, führt zu einer positiven Haltung bei allen Beteiligten.

12. Förderung der Lernverantwortung bei den Schülern *(Baird & White 1984)*

Fördernde Interaktion, ein Grundprinzip Kooperativen Lernens, baut Verantwortung der Schüler für sich selbst und ihre Gruppenmitglieder auf, indem jeder sich auf die Begabungen der anderen verlässt sowie durch einen Bewertungsprozess, der Individuen und Gruppen belohnt. Schüler helfen sich gegenseitig und übernehmen verschiedene Rollen in ihren Gruppen (wie zum Beispiel Vorleser, Schriftführer, Zeitmanager etc.). Im Laufe der Prozesse, die die Gruppe durchläuft, wird Schülerbeteiligung fokussiert. Das Empowerment der Schüler schafft ein Umfeld, das wiederum die Verantwortung der Schüler für ihr Lernen fördert. Der Lehrer wird zum Förderer statt zum Leiter, und der Schüler wird ein interessierter Teilnehmer statt ein passiv Folgender.

13. Etablieren einer Atmosphäre von Kooperation und Hilfsbereitschaft
(Deutsch 1975, 1985)

Die meisten Schulen heben die Leistung des einzelnen Schülers hervor, selbst wenn diese Ergebnis von Teamanstrengungen ist. Im Kontrast dazu konzentriert sich die Aufmerksamkeit von Kooperativem Lernen auf die Leistungen der Gruppe. Schüler werden angeleitet, positiv zu interagieren, Unstimmigkeiten durch Kompromisse und/oder durch Vermittlung zu lösen und sich gegenseitig zum Wohle der Gruppe anzuspornen. Teamarbeit ist der modus operandi. Selbst wenn Gruppenwettbewerbe erfolgen wie in STAD *(Slavin 1987)*, ist es das Ziel, ein hilfreiches Umfeld für alle Beteiligten zu schaffen.

14. Entwicklung gegenseitiger Verantwortung

In einer traditionellen, konkurrierenden Klasse sind die Schüler mit ihren individuellen Noten beschäftigt und wo sie sich auf der Notenskala befinden *(Stahl 1992)*. Das Ziel liegt darin, besser als die anderen zu sein *(Bonoma et al. 1974)*. Das Gegenteil gilt für die kooperative Klasse. Dort geht es um positive Abhängigkeit unter den Schülern und das Vertrauen zu den anderen. Eine fördernde Atmosphäre wird geschaffen, in der Schüler sich gegenseitig helfen und Verantwortung für den Erfolg der gesamten Gruppe übernehmen. Das Wertschätzen von individuellen wie Gruppenleistungen fördert eine unterstützende Atmosphäre und unterstreicht die Verantwortung jedes einzelnen Schülers für die Gruppe.

Das Lernen fördern

Forschungsergebnisse

→ Durch den Aufbau struktureller Rahmenbedingungen und gezielte methodische Vorgehensweisen im Unterricht können Sie das Lernen Ihrer Schüler fördern. Dazu einige Forschungsergebnisse.

Klassenklima zur Unterstützung des Denkvorgangs

Lehrer, deren Unterricht sich durch eine offene, demokratische Atmosphäre auszeichnet, fördern Lernen, da ein solches Klima die Entwicklung von kritischem und kreativem Denken unterstützt.

Kooperatives Lernen

Lehrer, die kooperative Lernmethoden anwenden, fördern Lernen, weil die kooperativen Erfahrungen Schüler interaktiv an Informationsverarbeitung herangehen lassen, was zu einer höheren Behaltensquote des Stoffes führt, einer verbesserten Haltung dem Lernen gegenüber und verstärkten Beziehungen unter den Gruppenmitgliedern.

Konzeptentwicklung

Lehrer, die Konzepte induktiv durch den Gebrauch von Beispielen und Nicht-Beispielen vermitteln, fördern Lernen, weil diese Strategie die Schüler aktiv daran beteiligt, das Verstehen eines neuen Konzeptes persönlich zu erarbeiten.

Multiple Intelligenz

It's not how smart you are.
It's how are you smart? (Howard Gardner)
(Es geht nicht darum, wie klug du bist.
Es geht darum, wie bist du klug?)

Indem sie auf die Stärken ihrer Schüler achten und ihnen helfen, auch andere Bereiche zu entwickeln, geben Lehrer Lernenden ein höheres Maß an Unterstützung und ein größeres Repertoire an Problemlösefertigkeiten.

Kreatives Problemlösen

Lehrer, die kreative Problemlösestrategien unterrichten, fördern Lernen, indem sie Schüler mit allgemeingültigen Problemlöseansätzen ausrüsten, die auf vielfältige Situationen anwendbar sind.

Direktes Lehren von Denkfertigkeiten

Lehrer, die Denkfertigkeiten und -prozesse direkt unterrichten, fördern Lernen, weil solche expliziten Anleitungen den Schülern helfen, die verschiedenen Arten des Denkens, die vom Curriculum gefordert werden, besser zu verstehen und effektiver anzuwenden.

Strukturelle Visualisierung

Lehrer, die Lerngegenstände strukturell visualisieren, fördern Lernen, weil Wissen, das in einem ganzheitlichen konzeptuellen Rahmen organisiert ist, leichter erinnert und besser verstanden wird als unstrukturierte Häppchen von Informationen.

Metakognition

Lehrer, die Schülern helfen, metakognitive Strategien zu entwickeln und zu internalisieren – durch direkte Instruktion, Modellverhalten und Übungen –, fördern Lernen, weil der effektive Gebrauch solcher Strategien der Hauptunterschied zwischen fähigen und weniger fähigen Schülern ist.

Sieben Grundannahmen
über Beziehungen und Zusammenarbeit

„Die meisten Neuerungen in der Zukunft werden es erforderlich machen, dass historisch gegnerische Beziehungen ... durch kooperative Verbindungen ersetzt werden."

→ Ist auch an Ihrer Schule das Einzelkämpfertum noch immer die vorherrschende Arbeitsform? Trauen Sie sich, dagegen anzugehen! Gehen Sie auf Ihre Kollegen zu, arbeiten Sie mit Ihnen zusammen. Ihr Lohn: eine positive Arbeitsatmosphäre und weniger Arbeitsbelastung.

1. Zusammenarbeiten ist vorteilhaft

Zunächst müssen wir Lehrer dazu bringen, die Begrenzungen dessen, was sie tun können, wenn sie weiterhin alleine arbeiten, zu verstehen und (als negativ) zu erkennen.

Ron Edmonds

Dies ist die Annahme, um die sich alles dreht: Zusammenarbeit reduziert Isolation, Überforderung und Einsamkeit. Expertenwissen wird innerhalb der Schule weitergegeben, anstatt sich einzig auf Außenstehende zu verlassen. Gute Lehrer bekommen längst überfällige Aufmerksamkeit. Kontrolle und Eigenverantwortung nehmen in dem Maße zu, wie Schulen von innen heraus verbessert werden. Interne Informationen werden mitgeteilt, bevor Lehrer in den Ruhestand gehen und sie mitnehmen. Ideen, die in Workshops aufgenommen werden, haben eine viel größere Chance, ausgeführt zu werden. Wenn Lehrer lernen und sich weiterentwickeln, verbessert sich auch die Schülerleistung.

2. Zusammenarbeiten ist geteilte Macht und das Akzeptieren von Verantwortung

Es ist kein großer Schritt, der Spitze Macht zu entnehmen und sie unten einzusetzen. Es ist immer noch Macht. Um leistungsstarke Organisationen zu bilden, muss man Macht durch Verantwortung ersetzen.

Peter Drucker

Die traditionelle Form der hierarchischen Macht verhindert Veränderung und Risikobereitschaft. Der patriarchalische, autoritäre Führungsstil ist die Hauptblockade für Fortschritt. Macht muss umverteilt werden auf eine Gemeinschaft von Führenden. Empowerment bedeutet, den Wert jedes Einzelnen zu schätzen und Verantwortung zu übernehmen. Dies bietet Führungsrollen für solche, die nicht an der Vizechef/Chef-Leiter interessiert sind, sondern im Klassenzimmer bleiben wollen.

Zusammenarbeit kann nicht wie eine arrangierte Eheschließung verordnet werden. Die Macht muss umdirigiert werden, um Menschen zu ermutigen und zu unterstützen, um Ressourcen zu finden. Teamwork muss in Bewerbungsgesprächen hoch bewertet und belohnt werden.

3. Zusammenarbeiten kann viele Formen annehmen

Schulen sind zum jetzigen Zeitpunkt keine Orte, an denen die individuelle und kooperative Entwicklung von Lehrern gedeihen kann.

Fullan und Hargreaves

Peer-Coaching und -Beratung erfordern vorheriges Training. Außerschulische Berater und unterstützende Mitarbeiter müssen enger mit den Schulen verbunden sein. Diese Partnerschaften sind nicht so aufwendig wie herkömmliche Schulentwicklung. Tatsächlich sind sie fast unsichtbar in jeder Schule vorhanden. Die besten sind freiwillig, dauerhaft und informell. Welche neue Idee haben Sie, bei der Ihnen jemand aus dem Kollegium helfen könnte? Ist Zusammenarbeit Teil Ihres persönlichen Entwicklungsplanes? Sind Sie so sehr in der Zusammenarbeit engagiert, dass Sie stattdessen freie Zeit benötigen, um allein zu arbeiten?

4. Zum Zusammenarbeiten muss man sich Zeit nehmen

Wir tun, was wir tun möchten – nicht, was wir tun müssen!

Zusammenarbeit spart langfristig Zeit, da die Teampartner die Arbeitsbelastung teilen. Diese „eingesparte" Zeit gibt uns die Möglichkeit, Schule anders anzupacken – das Schuljahr, den Schultag, die einzelnen Lernabschnitte in einer Schulstunde. Wenn wir uns Zeit nehmen, um miteinander zu reden, wie sehen dann die Räume aus, in denen wir uns treffen? Lehrerzimmer und Mehrzweckräume, Aula und Elternsprechzimmer (wenn es dieses überhaupt gibt) sind oft wenig ansprechend. Wir müssen uns also nicht nur Zeit nehmen zum Zusammenarbeiten, sondern uns auch um Räume kümmern, die Begegnungen angenehm machen.

5. Zusammenarbeiten bedeutet, Beziehungen aufzubauen

Trachte zuerst danach, zu verstehen, dann danach, verstanden zu werden.

Stephen Covey

Wenn Menschen zusammenarbeiten, sind Konflikte unvermeidlich. Wie in unseren anderen persönlichen Beziehungen entstehen Konflikte aus Unterschieden in Persönlichkeit und Stil. Extrovertierte treiben Introvertierte gelegentlich in den Wahnsinn, wie man es volkstümlich ausdrückt. Manche Menschen wollen handeln, während andere nachdenken wollen. Unterschiede im Alter, auf der Karriereleiter und im Geschlecht spielen durchaus eine Rolle. Wir müssen lernen, wie man mit Anstand unterschiedlicher Meinung ist, mit seinem Ärger konstruktiv umgeht und bestmöglich für die Gruppe arbeitet. Es wird Zeiten geben, die gefühlsgeladen sind, und es werden auch Konfrontationen auftauchen, so wie wir es aus dem Familienalltag kennen. Verhandlung, Vermittlung, Problemlösen und Teamarbeit stellen Schlüsselqualifikationen dar. Wir müssen riskieren, öffentlich unvollkommen zu sein.

6. Zusammenarbeiten bedeutet, ein Vertrauensklima aufzubauen

Es ist Menschen egal, wie viel wir wissen, bis sie wissen, dass sie uns nicht egal sind.

Man braucht Zeit, um das Vertrauen von Kollegen zu gewinnen. Man kann es nicht in einem Workshop erarbeiten. Vertrauen zeigt sich in alltäglichen Handlungen und darin, wie Menschen miteinander umgehen. Angst muss vom Arbeitsplatz verbannt werden – Angst vor Anschuldigungen, Angst vor Verurteilungen und Angst vor Gerede hinter dem eigenen Rücken. Alle Beteiligten müssen wissen, dass diese Kultur des Miteinander nicht nur ein neuer Spleen ist oder eine Modeerscheinung. Sie werden sich nicht öffnen oder ernsthaft mitarbeiten, bevor sie Ihnen nicht vertrauen. Ein Vertrauensklima ist ebenso notwendig wie störanfällig. Es ist leichter zu sagen: „Es gefällt uns so, wie es ist, ganz gut. Wir können mit den Problemen leben." Um ehrlich sein zu können, muss man Vertrauen haben.

7. Beziehungen aufzubauen ist ein Prozess, kein Ereignis

Alles, was wert ist, getan zu werden, ist es wert, langsam getan zu werden.

Mae West

Man benötigt, wie gesagt, Zeit, um Zusammenarbeit anzubahnen. Also fangen Sie klein an und denken Sie groß. Oft werden Dinge zunächst schlechter, bevor sie besser werden können. Geben Sie nicht auf. Die Tendenz zur Stagnation durch ein Übermaß an Analyse und Planung sollten Sie vermeiden. In Übergangszeiten gibt es immer auch Vermeidungsverhalten. Erneuerungen leben und sterben mit dem Grad an Aufmerksamkeit, die sie nach ihrem Start erhalten. Finden Sie Schlüsselbereiche, auf die Sie sich konzentrieren, diskutieren Sie Ihre Vision vom angestrebten Ziel und arbeiten Sie gemeinsam an etlichen kleinen, aber strategischen Schritten, die Sie vorwärtsbringen. Ermutigen Sie die Risikofreudigen und genießen Sie gemeinsam Ihre Erfolge.

Kapitel III

Wie möchten Sie lehren und lernen: konkurrierend, individuell oder kooperativ?

Lern- und Arbeitserfolge lassen sich auf unterschiedlichen Wegen erzielen: durch weitgehend isolierte Einzelarbeit, durch konkurrenzorientiertes Nebeneinander – oder durch ein kooperatives Miteinander, das sowohl den Einzelnen als auch die Gruppe voranbringt und sich positiv auf Lernprozesse, Arbeitsergebnisse, Leistungsentwicklung und Sozialkompetenz auswirkt.

Zentrale Inhalte Kooperativen Lernens

→ Hier finden Sie eine Zusammenstellung von zentralen Inhalten des Kooperativen Lernens. Wählen Sie aus dieser Zusammenstellung drei bis vier Punkte aus, die Ihnen für Ihren Unterricht besonders wichtig erscheinen.

1. Kooperative Lerngruppen basieren auf einer positiven Abhängigkeit unter den Gruppenmitgliedern. Die Ziele sind so strukturiert, dass die Schüler sich um die Leistung aller Gruppenmitglieder genauso wie um die eigene kümmern müssen.

2. Es gibt eine klare individuelle Verantwortlichkeit, was das Beherrschen des Stoffes bei den einzelnen Schülerinnen und Schülern angeht. Jedem Schüler wird ein Feedback zu seinem Lernfortschritt gegeben; und der Gruppe wird ein Feedback gegeben, wie die einzelnen Mitglieder vorankommen.

3. Die Gruppenmitglieder sind üblicherweise heterogen zusammengesetzt, was ihre Fähigkeiten und persönlichen Eigenschaften betrifft.

4. Alle Gruppenmitglieder teilen die Verantwortung, sich zu organisieren, und es gibt keinen formellen Leiter.

5. Die Verantwortung für das Vorwärtskommen aller wird gemeinsam getragen. Von den Gruppenmitgliedern wird erwartet, dass sie sich gegenseitig helfen und ermutigen, um zu gewährleisten, dass alle Mitglieder die gestellte Aufgabe erledigen.

6. Die Ziele der Schülerinnen und Schüler bestehen sowohl darin, das Lernen jedes Einzelnen zu optimieren, als auch darin, gute Arbeitsbeziehungen untereinander aufrechtzuerhalten.

7. Die sozialen Kompetenzen, die die Schüler brauchen, um zusammenzuarbeiten (wie Führung, Kommunikation, Vertrauensbildung und Konfliktmanagement) werden direkt gelehrt.

8. Der Lehrer beobachtet die Gruppen, analysiert die Probleme, die sie in der Zusammenarbeit haben, und gibt jeder Gruppe ein Feedback darüber, wie gut die Zusammenarbeit funktioniert.

Bennett, Rolheiser/Stevahn
Where Heart Meets Mind

Ein gesundes Gleichgewicht

→ Entwickeln Sie ein Wir-Gefühl! Das Lernen in der Gruppe befördert das Lernen jedes Einzelnen, und die Gruppe profitiert von den Fähigkeiten jedes einzelnen Mitglieds – so lernt die gesamte Klasse.

Wir

Alle

Kooperatives Lernen

- vom Lehrer und/oder Schüler erarbeitet
- gruppengesteuert
- eine Vielfalt von Aufgaben
- gemeinsame Verantwortung
- hohe Schülerverantwortung

Brainstorming

Präsentation/
Veröffentlichung

Verantwortung
in der Gruppe
verteilen/Rollen
übernehmen

**Fragen
Entdecken
Verstehen
Reflektieren**

Die ganze Klasse lernt

- vom Lehrer erarbeitet
- lehrergesteuert
- eine Aufgabe
- begrenzte Verantwortlichkeit

Zusammenarbeit
wenn nötig

personifizieren

darbieten
zusammenarbeiten
mit Peers bewerten

Unabhängiges Lernen

- von den Schülern erarbeitet
- schülergesteuert
- größtmögliche Verschiedenheit der Aufgaben
- vollkommene Beteiligung
- individuelle Verantwortlichkeit

Drei Wege

→ Erfolg ist auf verschiedenen Wegen erreichbar. Sie entscheiden, welchen dieser Wege Sie mit Ihren Schülern und Kollegen gemeinsam gehen wollen. Machen Sie sich vorher klar, zu welchen Konsequenzen Ihre Wahl führt.

Konkurrenz – ich anstatt du

Mein Erfolg hängt davon ab, dass ich besser bin als du.

Konkurrenten sollen nicht so gut sein wie du.

Man kümmert sich mehr um sich selbst.

Vergleiche zwischen Personen

normenbezogene Auswertung

Gewinner werden belohnt.

Individualistisch – ich allein

Erfolg ist unabhängig vom Erfolg oder Misserfolg anderer.

individuelle Verantwortlichkeit

kriterienbezogene Auswertung

Kooperation – wir statt ich

Der Gruppenerfolg hängt vom Erfolg aller ab.

Anteilnahme am Erfolg und den Bemühungen anderer

Sorge um andere

individuelle und Gruppen-Verantwortlichkeit

kriterienbezogene Auswertung

Craigen/Green

Die Interaktion von Schülerinnen und Schülern gestalten

Konkurrierend:

Wenn ich mein Ziel erreiche, kannst du deins nicht erreichen, und umgekehrt.

Ich anstatt du

„Ihr habt 30 Minuten, um diese Aufgaben allein zu bewältigen. Eure Note wird festgelegt, indem eure Punktzahl mit der höchsten in der Klasse verglichen wird." (Die Noten haben Bezug zur Normalverteilung.)

Individualisierung:

Das Erreichen meines Zieles ist unabhängig davon, ob du deins erreichst.

Ich allein

„Ihr habt 30 Minuten, um diese Aufgaben allein zu bewältigen. Eure individuelle Note wird folgendermaßen bestimmt: 90–100 % gelöste Aufgaben ergibt die Note 1, 80–89 % – 2, 70–79 % – 3, 60–69 % – 4, und unter 60 % – 5."

Kooperation:

Ich kann mein Ziel nur erreichen, wenn du deins erreichst.

Wir anstatt ich

„Euer Team hat 30 Minuten, um diese Rechenaufgaben zu erledigen. Eure Gruppe wird einen Antwortbogen einreichen. Jeder wird das Blatt unterzeichnen, um zu bestätigen, dass ihr alle einig seid und dass jeder die Antworten erklären kann, wenn er aufgerufen wird. Teams, deren Mitglieder zusammenarbeiten, helfen sich gegenseitig, die Aufgaben zu verstehen, und sind in der Lage, die Lösungen zu erklären, wenn nach Zufallsprinzip gefragt wird."

Roger & David Johnson

Bennett, Rolheiser/Stevahn
Where Heart Meets Mind

→ Hier finden Sie drei Beispiele für unterschiedlich ausgerichtete Impulse, mit denen Sie Aktivitäten Ihrer Schüler initiieren können. Überlegen Sie – bezogen auf Ihre Fächer –, welche Impulse Sie mit welcher Absicht geben können. Wie könnten Sie die drei unterschiedlichen Interaktionsmuster integrieren?

Kapitel IV

Wie initiieren Sie Teambildung und wie begleiten Sie Teamentwicklung?

Eine gelungene Teambildung und Teamentwicklung ist eine der entscheidenden Grundlagen für erfolgreiche Gruppenarbeit. In Ihrer neuen Rolle als Organisator und Moderator der Lernprozesse Ihrer Schülerinnen und Schüler schaffen Sie die entsprechenden Rahmenbedingungen, begleiten und beobachten die Gruppenprozesse und greifen ggf. unterstützend ein. Dazu bedarf es elementarer Kenntnisse von Gruppenorganisation und Gruppendynamik sowie darauf basierender methodischer Kompetenzen.

Teambildung

→ Ein gut funktionieren-
des Team ist die Basis für
erfolgreiches Arbeiten
und Lernen. Hier finden
Sie einige grundlegende
Gedanken zur Team-
bildung.

Obwohl Teams oder Gruppen (die beiden Begriffe werden synonym verwendet) auf unterschiedlichste Art entstehen, arbeiten, sich wieder auflösen, lässt sich ein häufig anzutreffendes Schema beschreiben, dessen vier Stufen in Anlehnung an Tuckmann als *Forming, Storming, Norming* und *Performing* bezeichnet werden *(Philipp 1996, S. 30).*

1. Zunächst erfolgt eine Art Kennenlernphase, in der sich die Teammitglieder miteinander und mit ihrer Aufgabe bekannt machen, herauszufinden versuchen, wer was denkt und welche Ziele verfolgt, wer wen wie unterstützt, wie die gemeinsame Aufgabe einzuschätzen ist, welche Lern- oder Arbeitsmethoden sich anbieten usw.
2. Die zweite Stufe ist oft von Konflikten begleitet, da hier Positionen geklärt, Rollen differenziert, Arbeitsvorhaben und Abläufe präzisiert, Störungen angesprochen, ggf. „Untergruppen" gebildet, Widerstände und Abneigungen thematisiert werden.
3. Sind die Konflikte konstruktiv geklärt, kommt es auf der dritten Stufe zu einer Harmonisierung, zu einem Austausch von Wissensbeständen, Einschätzungen, Feedbacks, weiterführenden Ideen und Vorschlägen, zur gegenseitigen Unterstützung.
4. Auf Stufe vier haben wir es dann mit einem „fähigen" und sinnvoll strukturierten Team zu tun, das kooperiert, sich auf die gemeinsamen Aufgaben konzentriert und sie unter Nutzung der jeweiligen Kompetenzen einzelner Teammitglieder effektiv bearbeitet (in positiver Abhängigkeit voneinander) und Teamprobleme konstruktiv löst.

Teamprozesse werden von Anfang an so organisiert, dass sie mit hoher Wahrscheinlichkeit gelingen. Dies gilt für Kinder wie für Heranwachsende und Erwachsene gleichermaßen. Die dafür genutzten Methodensets entsprechen sich strukturell, variieren aber auf der sprachlichen und inhaltlichen Ebene. So zieht sich beispielsweise das Prinzip der positiven Abhängigkeit wie ein roter Faden durch kooperative Lern- und Arbeitsgruppen jeglicher Alterszugehörigkeit.

Jeder ist zum Erreichen eines gemeinsamen Ergebnisses wichtig und bringt Kompetenzen ein. Der „Skeptiker" erkennt Schwachpunkte, der „Dynamiker" sorgt dafür, dass es vorangeht, der „Konservative" dafür, dass Bewährtes erhalten bleibt, der „Kreative" für Visionen, der „Handwerker" für die Qualität der Detailarbeit usw. Teams sind Einzelnen nur dann überlegen, wenn sie unterschiedlichste Sicht- und Verhaltensweisen, Fähigkeiten und Fertigkeiten zu etwas Neuem und Gemeinsamem werden lassen.

Durch das planvolle Organisieren von Prozessen und Feedbacks beim Kooperativen Lernen können folgende Probleme weitgehend vermieden werden:

1. Unterstellungen, Misstrauen, Absprachen unter einigen wenigen oder eine von Intrigen geprägte Kommunikationskultur
2. Leugnen von bestehenden Problemen
3. heimliche Hierarchien
4. unklare oder undurchschaubare Arbeits- und Rollenverteilungen
5. Unfähigkeit, sich auf gemeinsame Ziele zu einigen
6. unerfüllbare Forderungen
7. ständige Misserfolge
8. unangemessener Zeit- und Leistungsdruck
9. Hierarchieprobleme

Teambildung: Ein Schlüssel für effektive Gruppen

*Nur weil Einzelne in ein Team gesteckt werden,
heißt das nicht, dass sie das Wissen, die Fertigkeiten
und die Haltung haben, die nötig sind,
um in einem Team effektiv zu arbeiten.*

Roger & David Johnson

→ Eine entscheidende Voraussetzung für gut funktionierende Gruppen ist die Zusammensetzung des Teams. Das Wissen um Grundprinzipien der Teambildung ermöglicht es Ihnen, bei Bedarf gezielt unterstützend einzugreifen.

Glücklicherweise gibt es reichlich Forschungsergebnisse, die die verschiedenen Stadien beschreiben, die Individuen und Gruppen auf dem Weg zum Hochleistungsteam durchlaufen. Diese gruppendynamische Theorie besagt, dass es vier Phasen gibt: das *Forming*, *Storming*, *Norming* und *Performing*. Gruppen finden sich also zusammen, kommen in eine Phase der Auseinandersetzung und des Aushandelns, finden Absprachen, Konsens und Organisationsformen für die Zusammenarbeit und arbeiten dann auf einer höheren Leistungsebene miteinander weiter.

Vereinfacht dargestellt bedeutet dies, dass, sobald eine Gruppe als Team zusammengestellt wird (sich *formiert*), sie Gelegenheiten braucht, etwas über die Gruppenmitglieder herauszufinden. In diesem Stadium sind die Einzelnen besorgt, wie sie in das Team passen, ob sie akzeptiert werden, ob sie die erforderlichen Fähigkeiten haben und ob sie die Leute mögen werden, mit denen sie nun zusammenarbeiten müssen. Die *Sturmphase* kommt, wenn die Einzelnen in der Gruppe anfangen, einzelne Anliegen auszutragen.

Es gibt einige spezielle Aktivitäten und Prozesse, um die Kompetenzen aufzubauen, die man für Teamgeist benötigt, um Verständnis für die verschiedenen Rollen zu entwickeln, die Einzelne in der Gruppe innehaben werden, und um eine innere Verpflichtung für ein gemeinsames Ziel einzugehen. Die *Normierungsphase* ist eine kritische Phase, weil das Zusammenfinden der Teammitglieder die Bedingungen für die *Gestaltungsphase* schafft. Wenn Gruppen in diesem Stadium sind, sind sie am leistungsfähigsten.

Unglücklicherweise kommen manche Gruppen nie über die Sturmphase hinaus, vor allem, wenn denjenigen, die sie anleiten, das Wissen fehlt, wie man die Teammitglieder von einem Stadium in das andere führt, oder ihnen keine Gelegenheit gegeben wird, das Potenzial gelingender Teamarbeit kennenzulernen.

Teambildung kann genutzt werden, um Vertrauen, Bewusstsein und Fertigkeiten zu bilden, sodass Teams durch die Sturmphase zur Normierungsphase gelangen, in der sie herausforderndere Aufgaben annehmen können.

Die fünf Ziele von Teambildung sind
- sich kennenlernen
- Teamidentität bilden
- gegenseitige Unterstützung erleben
- individuelle Unterschiede schätzen
- Synergie entwickeln

Spencer Kagan, Cooperative Learning (Resources for Instructors, 1992)

Teamentwicklung

Wer bin ich und wer bist du?

→ Die einzelnen Phasen der Teamentwicklung: von der Selbstvergewisserung über die Fokussierung der Inhalte bis hin zu den Methoden der Veränderung

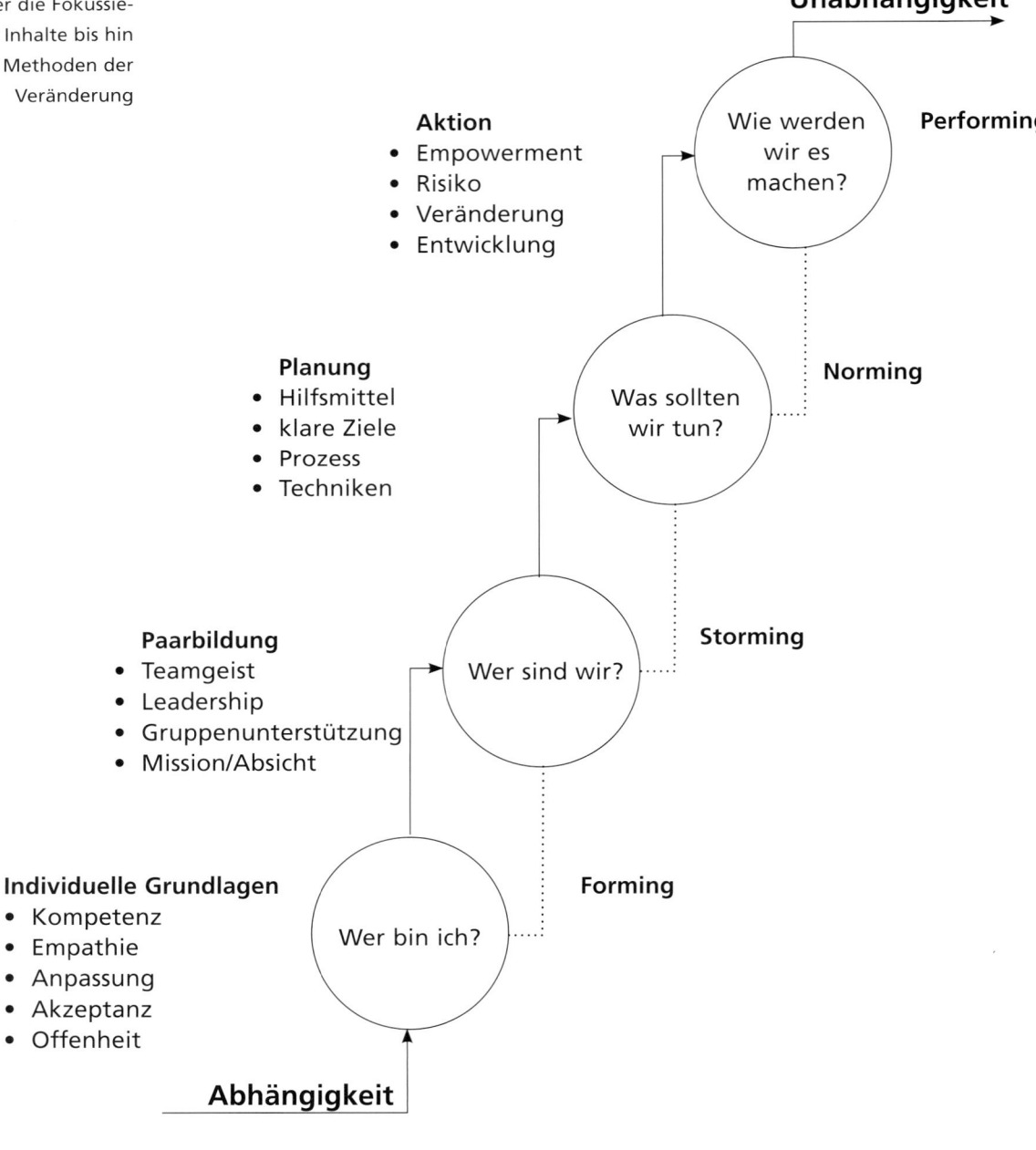

Unabhängigkeit

Aktion
- Empowerment
- Risiko
- Veränderung
- Entwicklung

Wie werden wir es machen?

Performing

Planung
- Hilfsmittel
- klare Ziele
- Prozess
- Techniken

Was sollten wir tun?

Norming

Paarbildung
- Teamgeist
- Leadership
- Gruppenunterstützung
- Mission/Absicht

Wer sind wir?

Storming

Individuelle Grundlagen
- Kompetenz
- Empathie
- Anpassung
- Akzeptanz
- Offenheit

Wer bin ich?

Forming

Abhängigkeit

Craigen/Green

52

Indikatoren für die Leistungskurve von Lerngruppen

Pseudo-Gruppen:
sitzen zusammen, aber das ist schon alles

Schauen Sie aus nach

- einem Schüler, der die gesamte Arbeit macht
- Privatunterhaltungen
- „Killerphrasen"
- Rivalität (Information zurückhalten, Irreführung)
- stillem/stillen Mitglied(ern).

Kommentare

_____
_____
_____
_____
_____
_____
_____
_____
_____
_____
_____
_____
_____

→ Vier oder fünf an einem Tisch zusammensitzende Schüler sind noch lange keine Gruppe. Bestimmte Indikatoren helfen Ihnen, das Niveau der Gruppenarbeit zu erkennen und zielgerichtet zu verbessern.

Traditionelle Gruppen in der Klasse:
kommen miteinander klar, mehr aber auch nicht

Schauen Sie aus nach

- Sorge um die eigene Note
- Mitteilen, aber nicht Zuhören
- nicht den Konsens suchen
- einem Gruppenleiter
- keine Bearbeitung der Gruppendynamik.

Kommentare

_____
_____
_____
_____
_____
_____
_____
_____
_____
_____
_____

Kooperative Lerngruppen:
gemeinsames Ziel; „Tu deinen Teil"-Haltung; Anwenden von spezifischen kooperativen Fertigkeiten

Schauen Sie aus nach
- gemeinsamen Gruppenzielen (wir)
- jeder ist beteiligt
- geteilter Gruppenleitung
- sorgfältigem Zuhören
- verbaler Unterstützung
- das Verstehen der anderen überprüfen
- Besprechen der Aufgabenerfüllung und Wertschätzen der Gruppendynamik.

Kommentare
_____
_____
_____
_____
_____
_____
_____
_____
_____
_____
_____
_____
_____
_____
_____
_____

Kooperative Höchstleistungslerngruppen:
Beziehungen gefestigt; starkes Gefühl von Gruppenpower; wirkliche Teamarbeit

Schauen Sie aus nach
- einstimmiger Entschlossenheit, das Ziel zu erreichen
- Grundlagendiskussion (geschätzt von den Mitgliedern)
- Längerbleiben nach dem Unterricht, sich nebenher treffen
- nach schwierigerem Material fragen
- sich umeinander kümmern (über die Aufgabe hinaus)
- stillem Wertschätzen (von Erfolgen und sich gegenseitig)

Kommentare
_____
_____
_____
_____
_____
_____
_____
_____
_____
_____
_____
_____
_____
_____

Roger & David Johnson,
Nuts and Bolts of Cooperative
Learning

Die Lerngruppen-Leistungskurve

→ Wenn Sie das Niveau der stattfindenden Gruppenarbeit analysiert haben, können Sie in einem nächsten Schritt darangehen, die Leistungskurve der einzelnen Gruppen zu erhöhen bzw. auf einem hohen Niveau zu stabilisieren. Die Grafik zeigt eine idealtypische Entwicklung.

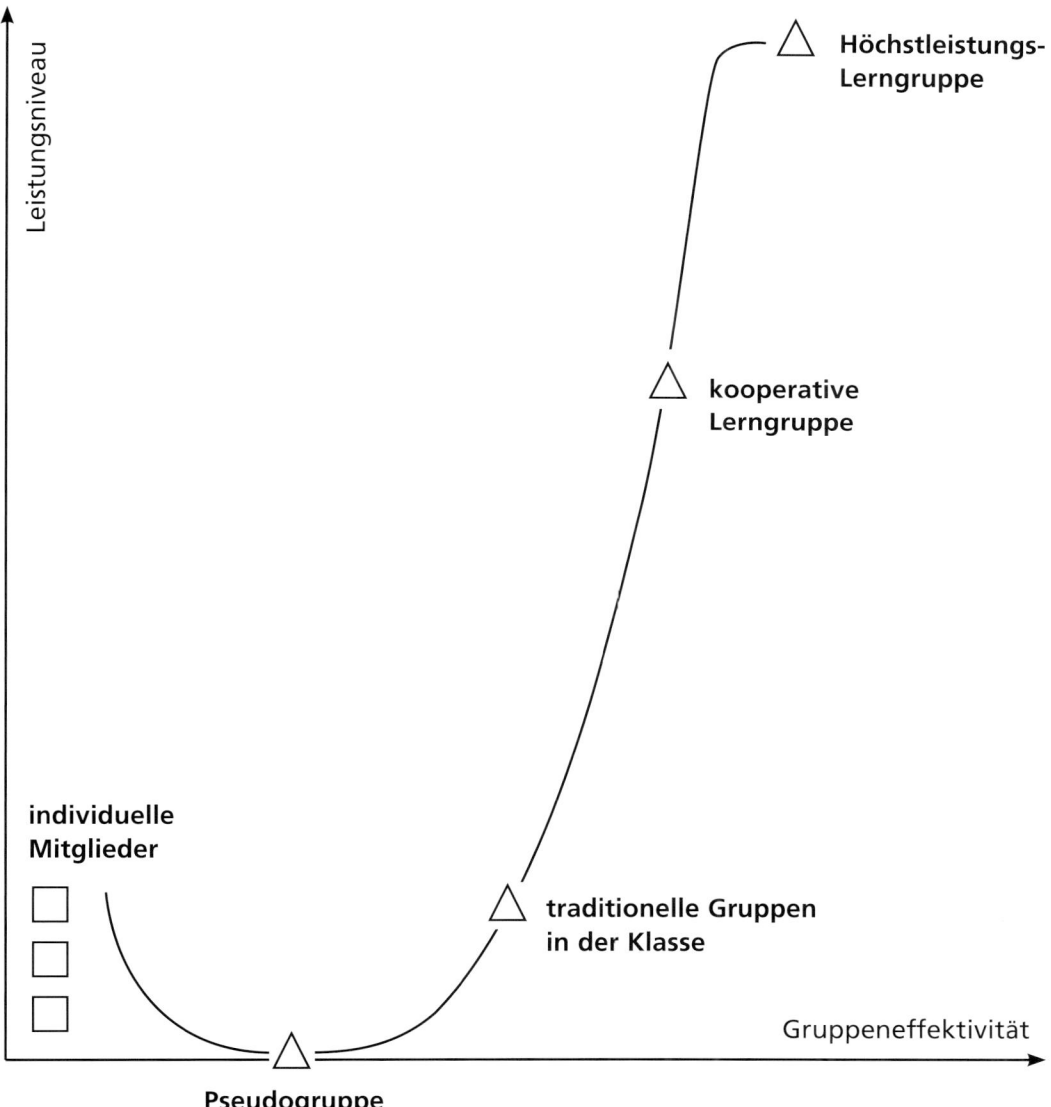

Roger & David Johnson,
Nuts and Bolts of Cooperative Learning

Das Aufteilen von Schülern in Gruppen

→ Gruppenaufteilung ist eine sensible Angelegenheit. Vieles spricht dafür, sie nicht einfach den Schülern selbst zu überlassen. (Denken Sie z. B. an die Klassenkameraden aus Ihrer eigenen Schulzeit, die im Sportunterricht immer als Letzte in eine Gruppe gewählt wurden!) Hier finden Sie eine Reihe von Anregungen, wie Sie den Prozess der Gruppenbildung steuern können.

Informell *Zufallsauswahl:*

- Kartenspiel (Asse zusammen etc.)
- Abzählen
- Paare finden sich zusammen mittels mathematischer Lösungen
- „Vorder- und Hintermänner"
- Schüler suchen selbst aus

Formell *Rangreihe, vom Lehrer gebildet:*
(eine Methode für eine Klasse mit 34 Schülern:
vom Lehrer zusammengestellt)

1. Schreiben Sie den Namen jedes Schülers auf ein Kärtchen.
2. Ordnen Sie alle Karten nach Leistung.
3. Es werden acht Teams gebraucht – sechs Viererteams und zwei Fünferteams.
4. Legen Sie die obersten acht Karten in einer ersten Reihe auf den Tisch.
5. Legen Sie die untersten acht Karten als eine vierte Reihe auf den Tisch.
6. Legen Sie die restlichen Karten in einer zweiten und dritten Reihe dazwischen.
7. Die Schüler sind nun nach der schulischen Leistung geordnet (s. Illustration oben auf der nächsten Seite).
8. Ordnen Sie die Karten unter Berücksichtigung von kulturellen Hintergründen, beeinträchtigenden Bedingungen, Geschlecht, sozialen Beziehungen und Abwesenheitsproblemen, aber nur in derselben Reihe, wie sie ursprünglich arrangiert waren (s. Illustration unten auf der nächsten Seite).
9. Die zwei übrigen Karten sollten zu den Teams gelegt werden, die abwesende Mitglieder haben, um die zwei Fünferteams zu bilden.

1 Die Namenskärtchen der Schüler werden gemäß ihrer Lernleistung arrangiert. Jede Spalte repräsentiert ein Team.

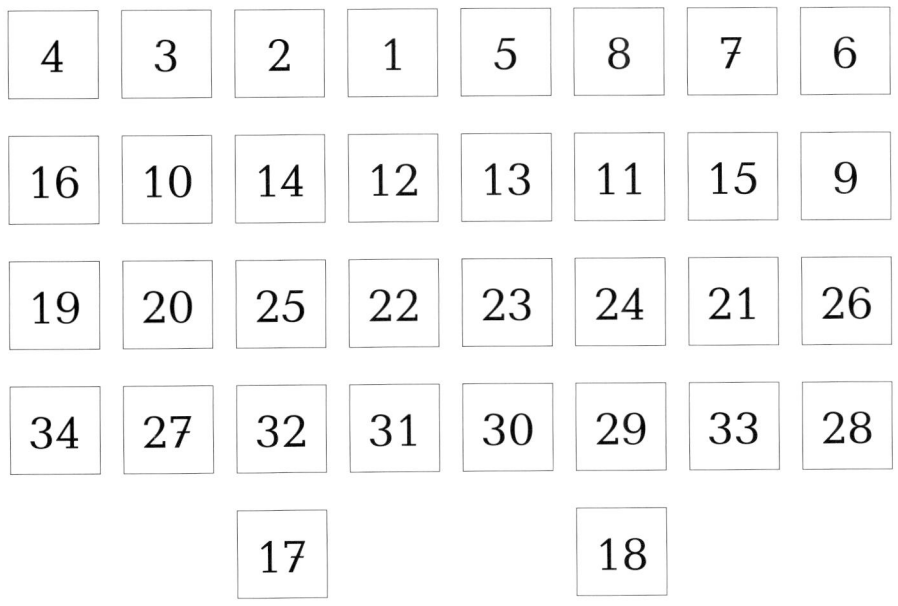

2 Die Namenskarten der Schüler sind unter Berücksichtigung von kulturellen Hintergründen, beeinträchtigenden Bedingungen, Geschlecht, sozialen Beziehungen und Abwesenheitsproblemen arrangiert worden.

Gruppenidentität entwickeln

→ Hier finden Sie eine Reihe von Arbeitsimpulsen, die Schüler bei der produktionsorientierten Entwicklung einer Gruppenidentität unterstützen.

Anregungen	Notizen/Überlegungen
Benutzt ein Arbeitsblatt und einen Marker oder Bleistift pro Gruppe.	
Entwickelt ein Gruppenlogo.	
Entwerft eine Gruppenwerbung.	
Erfindet ein Gruppenlied.	
Erstellt ein Gruppenmotto.	
Stellt eine Gruppenflagge her.	
Setzt euch Gruppenziele.	
Entscheidet euch für einen Gruppennamen.	
Listet auf, was die Gruppe erreicht hat.	
Denkt euch Belohnungen für die Gruppe aus.	
Macht ein Brainstorming über Ähnlichkeiten zwischen den Gruppenmitgliedern.	

Georgian College

Persönliches Erzählen

Fragen, die das Erzählen von persönlich erlebten Geschichten, von wichtigen Ereignissen, Erfahrungen oder Anliegen fördern, können starken Einfluss auf die Teambildung nehmen. Teammitglieder hören einander oft sorgfältiger und respektvoller zu, wenn interessante persönliche Geschichten mitgeteilt werden. Fragen, die solch persönliches Erzählen initiieren, sind unter anderem folgende:

→ Wenn Gruppenmitglieder einander Persönliches erzählen, stärkt dies das gegenseitige Vertrauen und fördert so die Teambildung.
Hier finden Sie eine Reihe von Impulsfragen, die in das persönliche Erzählen hineinführen. Versuchen Sie, weitere Fragen zu entwickeln, die Ihre spezifische Unterrichtssituation berücksichtigen.

1. Was ist dein liebster Ort auf der Welt? Warum?

2. Wo gehst du hin, um neue Energie zu bekommen?
   Was macht diesen Ort so belebend?

3. Denke zurück an den Kindergarten. In welcher Beziehung bist du noch derselbe?
   Wie hast du dich verändert?

4. Was ist die Geschichte hinter deinem Namen?
   Wie hast du deinen Namen bekommen? Hattest du jemals einen Spitznamen?
   Wie lautete er? Mochtest du ihn? Welchen Namen hättest du gewählt?

5. Warst du jemals in Gefahr? Wusstest du es zu diesem Zeitpunkt?
   Wie hast du die Situation überstanden?

6. Denke zurück an besondere Feiern in deiner frühen Kindheit.
   Welche Feier ist dir in besonderer Erinnerung? Was machte sie so besonders?

7. Wer ist dein liebster Lehrer? Warum?

8. Was war dein liebstes Spielzeug oder deine liebste Beschäftigung als Kind?

9. Was ist das Schwierigste, das du jemals getan hast?

10. Was war der stolzeste Moment in deinem Leben?
    Was hat zu diesem Moment geführt?

11. Wem vertraust du? Womit hat diese Person dein Vertrauen gewonnen?

12. Was ist dein liebster Feiertag? Warum?

13. Welches sind deine drei Lieblingslieder?
    Was macht diese Lieder für dich so bedeutungsvoll?

14. Was ist das frustrierendste Erlebnis, das du mit einem Computer hattest?
    Was ist die beste Entdeckung, die du mit einem Computer gemacht hast?

15. Wer ist dein(e) Lieblingsheld(in)? Welche Eigenschaften bewunderst du an dieser Person (oder diesem Charakter)?

16. Welche Leitungsperson bewunderst du am meisten? Warum?

17. Nach welcher Eigenschaft würdest du bei einem „besten Freund" schauen?

18. Welche historische Person würdest du am liebsten treffen? Warum? Was würdest du diese Person gern fragen?

19. Wenn du irgendwo einen Besuch machen oder leben könntest (außer hier), wo würde das sein? Warum?

20. Wenn du Zeuge bei einem Ereignis der Geschichte sein könntest oder daran teilnehmen könntest, welches würde es sein? Warum?

21. Wenn du ein Ereignis der Geschichte ändern könntest, welches würde es sein?

22. Glaubst du an „Liebe auf den ersten Blick"? Was lässt dich (nicht) daran glauben?

23. Kann Geld Erfolg (oder Glücklichsein) kaufen? Nenne deine Begründung.

24. Was würdest du mit 100 Euro machen?

25. Wenn du „zurück in die Zukunft" gehen könntest, wo würdest du hingehen? Welche Zeitperiode würdest du wählen? Welche sozialen Veränderungen würdest du vornehmen?

26. _____
_____
_____

27. _____
_____
_____

28. _____
_____
_____

Bennett, Rolheiser/Stevahn

Kapitel V

Wie unterstützen Sie das Selbstwertgefühl Ihrer Schülerinnen und Schüler?

Selbstwertgefühl und Selbstbewusstsein hängen sehr eng miteinander zusammen, wenn auch das eine eher die emotionalen Aspekte und das andere die kognitiven Aspekte beschreibt. Beides entwickelt sich in unserer je persönlichen Lern- und Lebensgeschichte und ermöglicht uns – günstigstenfalls – in Einklang mit uns selbst und unseren Vorstellungen von einem erfüllten, erfolgreichen Leben zu leben, uns nicht ständig zu überfordern (oder unabsichtlich weit hinter unseren Möglichkeiten zurückzubleiben), aber sich etwas zuzutrauen und auch zuzumuten, etwas leisten zu können und zu wollen.

Es ist kein Zufall, dass Menschen mit hohem Selbstwertgefühl sachlich und zugewandt bleiben, auch wenn andere sie kritisieren – oder ihnen deutliche Grenzen setzen, ein kritisches Feedback geben, für ihre eigenen Bedürfnisse eintreten, unmissverständlich ihre Meinung äußern usw. Selbstbewusstsein hat nichts mit Rechthaben (wollen) zu tun, aber sehr viel mit gelassenem und situationsangemessenem Verhalten. Beim Kooperativen Lernen werden derartige Umgangsweisen systematisch gefördert. Respekt voreinander und für die Andersartigkeit der anderen, für ihre Stärken und Schwierigkeiten ist eine wesentliche Arbeitsgrundlage, die u. a. durch das Lehrerverhalten vorgelebt und durch eine ausgeprägte Feedback-Kultur unterstützt werden kann.

Grundlagen schaffen für ein hohes Selbstwertgefühl

→ Ein hohes Selbstwert-gefühl ist nicht einfach per se vorhanden. Viele Schüler bringen es nicht (von zu Hause) mit. Aber Selbstwertgefühl kann entwickelt werden. Helfen Sie Ihren Schülern dabei! Auf S. 71ff. finden Sie Vorschläge für konkrete Schritte.

Ich betrachte Selbstwertgefühl als die eine, äußerst mächtige Kraft in unserer Existenz. Wie wir über uns selbst fühlen, beeinflusst buchstäblich jeden Aspekt unserer Existenz: Arbeit, Liebe, Sex, zwischenmenschliche Beziehungen jeder Art.

Nathaniel Branden

Wenn der Schulanfang näher rückt, wird es schwierig, einen Lehrer zu finden, der sich keine Gedanken über die Zusammensetzung der berühmten Klassenliste gemacht hat. Und, wenn sie ehrlich sind, würden diese Lehrer zugeben, dass sie den geheimen Wunsch haben, diese Liste möge mit „Gewinnern" gefüllt sein. Dies sind die Schüler, deren schulische Leistungsnachweise sie in die „Gewinner"-Kategorie stellen und sie darüber ins Blickfeld rücken, noch bevor sie im Klassenzimmer erscheinen. Sie sind motiviert und eifrig, ansprechbar für Ideen und Vorschläge. Vor allem sind es Schüler, die beim Lernen Erfolg haben. Wenn man nach Kommentaren im Lehrerzimmer geht, gibt es immer weniger derartige Schüler, die diese Liste füllen könnten.

Typische Lehreräußerungen sind: „Schüler sind einfach nicht mehr das, was sie waren", „Meine Zeit verbringe ich mehr mit disziplinieren als mit unterrichten", „Sie sind so unmotiviert in letzter Zeit!" und „Wie kann ich sie in irgendeiner Weise fördern, wenn ihr Zuhause so ist, wie es ist?".

Viele Schüler sind weit entfernt von denjenigen, von denen wir träumen. Aufgrund ökonomischer und gesellschaftlicher Fakten haben wir heute eine andere Schülerschaft als in den 80er- und 90er- Jahren. Zu viele Schüler kommen in die Schule ohne die Gefühle, die notwendig sind, um Selbstvertrauen zu bilden – wie Sicherheit, Man-Selbst-Sein, Zugehörigkeit, Mission und Kompetenz.

In allzu vielen Fällen beschleunigt die Abwesenheit dieser entscheidenden, Selbstachtung aufbauenden Faktoren die Abwärtsspirale des ohnehin schon niedrigen Selbstwertgefühls. Und ein Schüler mit niedriger Selbstachtung wird die tragische soziale Statistik noch erhöhen. Die gute Nachricht ist jedoch, dass dieser abwärtsgerichtete Kreislauf sich nicht fortsetzen muss:

* Selbstwertgefühl kann verändert werden, unabhängig vom Alter;
* das Jahr mit Ihnen im Klassenzimmer kann genug Sicherheit geben, um für den Schüler den entscheidenen Unterschied zu seinem nicht förderlichen Zuhause auszumachen;
* Selbstwert wird erlernt; das können Sie Ihren Schülern vermitteln.

Indem sie Umgebungen schaffen, die Sicherheit generieren und stark machen, können Lehrer Schülern helfen, die Gefühle zu erwerben, die sie brauchen, um Selbstwertgefühl aufzubauen.

Die fünf Komponenten des Selbstwertgefühls – ein Überblick

Sicherheit

Ein Gefühl von starker Zuversicht. Beinhaltet, sich wohlzufühlen und sicher zu sein: zu wissen, was erwartet wird; fähig zu sein, sich auf Personen und Situationen zu verlassen, und Regeln und Grenzen zu verstehen.

Man-selbst-Sein

Ein Gefühl von Individualität. Selbsterkenntnis erwerben, was eine genaue und realistische Selbstbeschreibung einschließt in Bezug auf Rollen, Attribute und körperliche Merkmale und Eigenschaften.

Zugehörigkeit

Ein Gefühl des Dazugehörens, der Akzeptanz, besonders in Beziehungen, die als wichtig erachtet werden. Sich anerkannt fühlen, geschätzt und von anderen respektiert werden.

Mission

Ein Gefühl von Sinnhaftigkeit und Motivation im Leben; Selbst-Empowerment, indem man realistische und erreichbare Ziele setzt, und eine Bereitschaft, Verantwortung für die Konsequenzen seiner Entscheidungen zu übernehmen.

Kompetenz

Ein Gefühl von Erfolg und Leistung in Dingen, die als wertvoll oder wichtig erachtet werden. Bewusstsein von Stärken und die Fähigkeit, Schwäche zu akzeptieren.

→ Eine Kurzdefinition der fünf Komponenten des Selbstwertgefühls

Wiedergabe von Esteem Builders von Dr. Michele Borba, 1989, B. L. Winch and Associates/Jalmar Press. Mit Erlaubnis von B. L. Winch & Associates/Jalmar Press.

Die fünf Komponenten des Selbstwertgefühls

→Worauf basiert Selbstwertgefühl? Aus welchen Komponenten wird es gebildet? Ein kurzer forschungsorientierter Überblick mit konkreten Beispielen möglicher Schülerhaltungen

Die fünf Komponenten von Selbstwertgefühl (Sicherheit, Man-selbst-Sein, Zugehörigkeit, Mission, Kompetenz) sind von Robert Reasoners detaillierter Untersuchung der Selbstwerttheorie abgeleitet. Die Komponenten sind die Basis für den Prozess des Aufbaus von Selbstwertgefühl, und zwar aufgrund folgender Kriterien:

Die Komponente zeigt sich als
- spezifische Eigenschaft, die von Personen mit hohem Selbstwertgefühl gefühlt wird;
- größeres Element von Selbstwert durch ausgedehnte Selbstwertforschungen untermauert;
- Eigenschaft, die ein Ausbilder bzw. Lehrer durch gut definierte Aufgaben und Rollen verstärken könnte;
- Bewusstsein, als Individuum respektiert zu sein;
- Ermutigung, Ideen und Meinungen zu haben;
- Erkennen, dass es klare und bestimmte Grenzen in der Umgebung gibt;
- Akzeptieren von Regeln und Standards, auf deren Einhaltung in vernünftiger Weise und konsistent geachtet wird;
- Chance, im Rahmen der persönlichen Möglichkeiten erfolgreich zu sein.

Ein Umfeld, das positive Selbstwerte fördert, kann normalerweise wie folgt beschrieben werden:

– Anteil nehmend	– nicht bedrohlich	– akzeptierend
– unterstützend	– vertrauend	– ermutigend
– sicher	– bequem	– einladend
– herzlich	– nicht verurteilend	– positiv

Positive Selbstachtung kann aufgebaut werden

Stanley Coopersmith, ein Kinderpsychologe an der University of California in Davis, widmete den größten Teil seines Lebens der Studie des Selbstbildes. Sein Buch *The Antecedents of Self-Esteem* wurde zu einem Meilenstein auf diesem Gebiet. Eines von Coopersmiths Forschungszielen war herauszufinden, welche Familienbedingungen dazu beitragen, ein hohes Selbstwertgefühl zu fördern. Sein Forschungsteam untersuchte über 1700 Jungen und ihre Familien und fand heraus, dass die Selbstbewertungen dieser Jungen entweder davon geformt wurden, wie ihre Eltern oder wichtige andere Personen sie sahen, oder wie sie dachten, dass sie von Eltern und/oder wichtigen anderen gesehen wurden. Coopersmiths Studien offenbarten auch drei entscheidende Elemente, die das Zuhause von allen Personen mit hohem Selbstwertgefühl gemein hatte, nämlich:

1. Sie kamen aus einem Zuhause, wo sie die Art von Liebe erfuhren, die Respekt, Interesse und Akzeptanz ausdrückt. Als Kinder wurden sie mit ihren Stärken und Fähigkeiten

ebenso akzeptiert wie mit ihren Begrenzungen und Schwächen. Sie erfuhren Liebe ohne Bedingungen.
2. Ihre Eltern waren deutlich weniger nachsichtig als Eltern von Kindern mit niedrigerem Selbstwertgefühl. In der Familie gab es klar definierte Grenzen, Standards und Erwartungen, und als Folge davon fühlten sich die Kinder sicher.
3. Die Familien funktionierten in hohem Grad demokratisch. Die Kinder wurden ermutigt, eigene Ideen und Meinungen einzubringen (selbst solche, die von den Meinungen der Eltern abwichen).

Coopersmith betont, dass positive Selbstachtung erworben werden kann, auch wenn nicht alle fünf eingangs aufgeführten Komponenten des Selbstwertgefühls ausgeprägt vorhanden sind; obwohl im Allgemeinen gilt: Je höher die Zahl der vorhandenen Komponenten, umso höher der allgemeine Selbstwert. Um den Weg zu einem höheren Selbstwertgefühl zu entwickeln, ist es wichtig, Folgendes zu beachten:
1. Sicherheit ist die Vorbedingung vor den anderen Komponenten; darum sollte sie der erste Baustein sein, es sei denn, sie ist in der Person schon gut verankert. Man-selbstsein, Zugehörigkeit, Haltung und Kompetenz folgen schrittweise. Manchmal jedoch ist es notwendig, einige Aktivitäten einer anderen Komponente mit einzubringen, um diejenige, an der man gerade arbeitet, zu verstärken: Zum Beispiel sind einige Zugehörigkeitsaktivitäten, bei denen die Schüler sich kennenlernen, auch ideal, um Sicherheit in der Klasse zu verankern. Seien Sie flexibel und gebrauchen Sie Ihr eigenes Urteilsvermögen.
2. Veränderung geschieht langsam; erwarten Sie keine dramatischen Ergebnisse über Nacht.
Denken Sie daran: Die Schüler haben ihre Selbstwahrnehmung über lange Jahre geformt. Seien Sie geduldig.
3. Ständige Wiederholung und Beharrlichkeit sind entscheidend. Der „Selbstwertbilder" muss jeden Tag bereit sein, den Schülern zu helfen, positivere Gefühle zu sich selbst zu entwickeln.
4. Die Haltung des „Selbstwertbilders" und die Umgebung spielen eine bedeutsame Rolle, wenn es darum geht, Schülern zu helfen, ein positiveres Selbstbild zu formen.

Charakteristika der Selbstwertkomponenten

1. Sicherheit
Ein Schüler mit einem hohen Maß an Sicherheit vermittelt einen starken Eindruck von Zuversicht und kann mit Veränderung und Spontaneität ohne Unsicherheit umgehen. Diese Person fühlt sich sicher, wissend, dass es Menschen gibt, auf die sie sich verlassen kann.

Im Klassenzimmer fühlen sich Schüler in der Regel sicher, wenn sie dem Lehrer vertrauen und sich auf ihn verlassen können und wenn sie die Regeln und Grenzen verstehen, die in der jeweiligen Situation erwartet werden.

Schüler mit positiven Sicherheitserfahrungen könnten Kommentare wie diese abgeben:
- *Die Regeln in meiner Schule sind nötig und fair. Ich kann mich auf meinen Lehrer verlassen.*
- *Mrs. Bilmore ist meine Rektorin. Sie hört mir immer zu.*
- *Ich mag mein Klassenzimmer. Ich fühle mich immer gut, wenn ich dort bin.*

Auf der anderen Seite könnten Schüler, die Unsicherheit erleben, sagen:
- *Ich kann Mrs. Thomas nicht vertrauen.*
- *Ich würde niemals irgendwelche geheimen Gedanken in mein Journal schreiben, mein Lehrer würde sie nicht für sich behalten.*
- *Ich weiß nie, was die Lehrer von mir wollen. Manchmal sind sie streng und manchmal locker.*

Die Psychologen Erik Erikson und Abraham Maslow betonen beide, wie wichtig ein Gefühl der Sicherheit zur Bildung eines Fundaments für eine darauf aufbauende gesunde emotionale Entwicklung ist. Schüler müssen sich zuerst sicher fühlen, und dann müssen sie in der Lage sein, dem Erwachsenen zu vertrauen, der versucht, ihr Selbstwertgefühl zu verstärken. Nur dann kann der „Selbstwertbilder" beginnen, ihre Selbstachtung aufzubauen.

2. Man-selbst-Sein

Wenn ein gutes Maß an Selbsterkenntnis gewonnen ist, besitzt der Schüler eine klare und realistische Sicht auf seine Möglichkeiten. Dieser Schüler hat ein starkes Gefühl von Individualität, er bewegt sich situationsangemessen und besitzt ein hohes Selbstwertgefühl. Er wird Äußerungen wie diese hervorbringen:
- *Ich habe viele Eigenschaften. Ich bin … ein Junge, ein Fußballer, ein Sohn, ein Enkel, ein Neffe, ein Künstler und ein Bruder.*
- *Ich bin 1,50 m groß mit braunem Haar, Sommersprossen und einem netten Lächeln. Ich habe eine Menge guter Ideen und helfe gern anderen Leuten.*
- *Ich sehe nicht so gut aus wie ein Filmstar, aber wenn ich lächle, weiß ich, dass ich schön bin.*

Auf der anderen Seite könnte ein Schüler mit einem niedrigen Selbstwertgefühl von sich selbst sagen:
- *Ich möchte meinen Mantel nicht ausziehen; ich bin zu hässlich.*
- *Ich möchte nicht in den Spiegel sehen. Da gibt es nichts Gutes anzuschauen.*
- *Es ist mir egal, was andere sagen, mir sind immer nur schlechte Dinge passiert.*
- *Ich weiß, dass die Leute von mir nicht viel halten.*

Ein „Selbstwertbilder", der Schülern hilft, ihre einzigartigen Qualitäten und besonderen Fähigkeiten zu erkennen, wird das Gefühl jedes Einzelnen in Bezug auf die eigene Person stärken.

3. Zugehörigkeit

Wenn ein Schüler in Beziehung zu anderen steht – seien es Familienmitglieder, Klassenkameraden, Peers oder Freunde und Bekannte –, gibt es Potenzial für Anschluss und Zugehörigkeit. Ein Schüler, der sich wohlfühlt in seinem sozialen Umfeld, fühlt sich in der Regel mit anderen verbunden und akzeptiert. Er geht nicht nur auf andere zu, sondern kann Freundschaften auch aufrechterhalten.

Er ist in der Lage, zu kooperieren und zu teilen, er kann Mitgefühl für andere zeigen. Dieser Schüler macht wahrscheinlich folgende Bemerkungen:

– *Kann Johnny rüberkommen zum Spielen?*
– *Ich bin gerne mit meiner Familie zusammen.*
– *Ich habe wirklich eine Menge guter Freunde.*
– *Die meisten Menschen mögen mich.*
– *Die Schule ist ein toller Ort; alle meine Freunde sind dort.*
– *Ich war traurig, als Jane gefallen ist und ihren Arm gebrochen hat.*
– *Es ist in Ordnung, wenn du meine Füller und Stifte mitbenutzt.*

Andererseits könnte ein Schüler, der sich wenig zugehörig fühlt, Folgendes sagen:

– *Warum muss ich zur Schule gehen? Niemand mag mich.*
– *Da ist niemand, mit dem ich spielen kann; ich werde immer außen vor gelassen.*
– *Ich möchte nicht mit euch in Urlaub fahren. Da streiten sich immer alle.*
– *Muss ich mit ihr reden? Sie wird mich sowieso nicht mögen.*
– *Ich möchte nicht mit Johnny teilen; nie gewinne ich.*

Freunde haben einen enormen Einfluss auf die Gefühle eines Schülers in Bezug auf seine Einschätzung, wer er ist. Durch Freundschaften können Schüler sich gegenseitig unterstützen. Sie können Probleme, Freuden und Erfahrungen mit Altersgenossen teilen. Sie können auch lernen, mit anderen als Gleichgestellte umzugehen. Wie die anderen Selbstwertkomponenten erfordert auch das Erlangen eines Gefühls der Zugehörigkeit viele Erfolge. „Selbstwertbilder" können viel in ihrer Umgebung tun, um zu helfen, Gelegenheiten für Schüler zu schaffen, erfolgreiche Peer-Interaktionen zu erleben, die entscheidend sind für positives Selbstwertgefühl.

4. Mission

Ein Schüler mit einem starken Sinn für Mission setzt sich nicht nur realistische und erreichbare Ziele, sondern ist auch fähig, einen Plan durchzuziehen. Dieser Schüler ergreift Initiative, fühlt sich für seine Handlungen verantwortlich, sucht Alternativen bei Problemen und bewertet sich selbst im Verhältnis zu früher erbrachten Leistungen. Ein solch motivierter Schüler könnte Bemerkungen wie die folgenden machen:

– *Gestern habe ich 15 Wörter richtig buchstabiert. Morgen versuche ich 17.*
– *Ich bin vielleicht im Moment nicht gut im Fußball, aber ich weiß, was ich tun kann, um es zu ändern.*
– *Dieses Jahr werde ich lernen, wie ich mehr Kunststücke auf meinem Skateboard machen kann.*
– *Ich weiß, wenn ich 10 Minuten am Tag damit verbringe, mein Zimmer aufzuräumen, kann ich es ordentlich halten.*

Auf der anderen Seite könnte ein Schüler, dem ein Sinn für Zukunftsperspektiven fehlt, sagen:

– *Das Leben ist so schlecht, aber es gibt nichts, was ich dagegen tun könnte.*
– *Ich habe keine Kontrolle über mein Leben, warum sollte ich mich bemühen?*
– *Gestern habe ich 5 Wörter richtig buchstabiert. Morgen versuche ich 25.*

Schüler, die sich realistische Ziele setzen, erreichen sie. Dies wiederum verstärkt ihre Motivation und Bereitschaft, Risiken einzugehen. Aber bevor Schüler ein fundiertes Gefühl dieser Kompetenz erlangen, müssen sie sich zuerst darüber bewusst sein, was es genau ist, was sie erreichen wollen, und einen entsprechenden Prozess durchlaufen. Darum ist es entscheidend, dass Schüler dieses Level erleben und abschließen, bevor sie zur nächsten Komponente weitergehen.

5. Kompetenz

Erfolgserlebnisse führen dazu, dass ein Mensch sich kompetent fühlt und deshalb auch bereit ist, Risiken zu tragen sowie Meinungen und Ideen zu äußern. Der Erfolg muss jedoch aus Erlebnissen kommen, die die Person als wichtig und wertvoll für sich erachtet.

Ein Mensch, der sich kompetent fühlt, ist sich nicht nur seiner Stärken bewusst, sondern akzeptiert auch seine Schwächen. Versagen ist in der Regel kein Hindernis oder Rückschritt; tatsächlich erleben diese Schüler Fehler als wertvolle Lernhilfen. Ein kompetenter Schüler macht wahrscheinlich Bemerkungen wie folgende:
- *Ich bin in vielen Dingen gut, obwohl ich sie manchmal bis zur letzten Minute aufschiebe.*
- *Ich lerne schnell.*
- *Sicher, ich werde es versuchen.*
- *Als ich es vermasselt hatte, habe ich entdeckt, was ich hätte wissen müssen.*

Schüler jedoch, die häufiges Versagen erleben oder nicht dazu gebracht werden, ihre Erfolge zu erkennen, sagen über sich selbst:
- *Warum kann ich nicht lernen wie jeder andere auch?*
- *Ich werde das gar nicht erst probieren … ich vermassele es doch wieder.*
- *Ich kann nichts richtig machen!*
- *Wie soll ich wissen, was meine Stärken sind?*
- *Ich mag im Unterricht nichts sagen, ich komme mir so dumm vor.*

Diese Schüler fühlen sich offensichtlich unfähig; darum sind sie nicht willens, etwas zu versuchen, und geben auf, wenn erste Anzeichen von Schwierigkeiten auftauchen. Sich erfolgreich zu fühlen, ist entscheidend für Selbstwert und positives Verhalten.

Wenn diese letzte Stufe von Selbstachtung erreicht ist, ist der Schüler selbstgesteuert, hat Eigenantrieb. Er ist nun sowohl fähig, sich innerlich zu kontrollieren, als auch innerlich Erfolge anzuerkennen.

Die folgenden Untersuchungen und Publikationen waren besonders hilfreich bei der Bestimmung der Komponenten zum Verstärken von Selbstwertgefühl:

Clemes, Harris und Reynold Bean. „Connectedness, Uniqueness, Power and Models": *Self-Esteem: The Key to Your Child's Well-Being* (New York: Kensington, 1981).

Felker, Donald. „Belonging, Competence, and Worth". *Building Positive Self-Concept* (Minneapolis: Burgess, 1974). (Felker gründet „Belonging, Competence, and Worth" jeweils auf die Theorien von Erikson, 1963; Diggory, 1966; und Jersild, 1963.)

Coopersmith, Stanley. „Power, Significance, Virtue, and Competence". *The Antecedents of Self-Esteem* (San Francisco: W. H. Freeman und Co., 1967).

Reasoner, Robert. „Security, Identity, Belonging, Purpose, and Competence". *Building Self-Esteem: A Comprehensive Program* (Palo Alto: Consulting Psychologists Press, 1982).

Was Lehrerinnen und Lehrer tun können

Sicherheit
1. Bauen Sie eine Vertrauensbeziehung auf.
2. Setzen Sie vernünftige Grenzen und stellen Sie Regeln auf, deren Einhaltung konsequent eingefordert wird.
3. Schaffen Sie eine positive, akzeptierende und Anteil nehmende Umgebung.

Man-selbst-Sein
1. Verstärken Sie zutreffende Selbsteinschätzungen.
2. Sorgen Sie für Gelegenheiten, wichtige Quellen der Beeinflussung auf das Selbst zu entdecken.
3. Bilden Sie ein Bewusstsein für die jeweils einzigartigen Qualitäten.
4. Verstärken Sie die Möglichkeit, Fähigkeiten, Emotionen und Einstellungen zu identifizieren und auszudrücken.

Zugehörigkeit
1. Fördern Sie das Zusammengehörigkeitsgefühl und die Akzeptanz in den Gruppen.
2. Geben Sie Gelegenheiten, die Interessen, Fähigkeiten und den „Background" der anderen zu entdecken.
3. Lehren Sie Schritte zu erfolgreicher Zielsetzung.
4. Ermutigen Sie Peer-Anerkennung und -Unterstützung.

Mission
1. Verstärken Sie die Fähigkeit, Entscheidungen zu treffen, Alternativen zu finden und Konsequenzen zu erkennen.
2. Geben Sie Hilfestellung bei der Erstellung von Schaubildern über vergangene und gegenwärtige schulische Leistungen und Verhaltensweisen.
3. Lehren Sie Schritte zur erfolgreichen/angemessenen Zielsetzung.

Kompetenz
1. Sorgen Sie für Gelegenheiten, das Bewusstsein für die individuellen Stärken und Fähigkeiten zu verbessern und diese zu erkennen.
2. Lehren Sie, wie man Fortschritt aufzeichnet und auswertet.
3. Geben Sie Feedback darüber, wie man Schwächen akzeptiert und von Fehlern profitiert.
4. Lehren Sie die Wichtigkeit von Selbstlob für Leistung.

→ Hier finden Sie konkrete Vorschläge, was Sie in Ihrem Unterricht tun können, um das Selbstwertgefühl Ihrer Schüler zu entwickeln. Aber: Beschränken Sie sich nicht als Einzelkämpfer auf Ihren Unterricht, sondern arbeiten Sie auch mit Ihren Kollegen zusammen (siehe die Vorschläge auf den folgenden Seiten).

Aufbau von Selbstwertgefühl und einer kooperativen, Anteil nehmenden Schulkultur

→ Agieren Sie nicht als Einzelkämpfer, wenn es um den Aufbau des Selbstwertgefühls Ihrer Schüler geht. Planen Sie gemeinsam mit Ihren Kollegen Selbstwert entwickelnde Aktivitäten, die zu einem grundlegenden Bestandteil des Schullebens werden.

Rektor Lindsay Strachan-Bakers vom protestantischen regionalen Schulausschuss der Chateauguay Valley, Franklin Elementary School (Franklin Centre, Quebec) hatte stets das Ziel, Selbstwertgefühl in Kindern zu entwickeln. „Selbstwert beinflusst alles, was wir tun, jede Beziehung, die wir haben und all unsere Erwartungen an Erfolg und Glücklichsein. Es war darum mein Hauptanliegen an der Franklin Elementary School (92 Schüler), das Selbstwertgefühl eines jeden Einzelnen unserer Schule zu stärken, sowohl das der Lehrer als auch das der Schüler."

Das Engagement der Schule, Selbstwertgefühl aufzubauen, wird durch die zahlreichen Initiativen demonstriert, die sie anbietet:

1. **„Ich wurde erwischt beim Gutsein"**
   Sticker werden vergeben als Anerkennung für gutes Verhalten und gute Taten.

2. **T-Shirts**
   Lehrer tragen T-Shirts mit dem Aufdruck *Wir unterrichten die klügsten Kinder der Welt* (vorne) und *Franklin School, wo alle Kinder unsere Zukunft sind* (auf dem Rücken).

3. **Schilder in der ganzen Schule**
   Durch diese Türen gehen die großartigsten Kinder der Welt. Wenn du diese Schule besuchst, betrachte dich als glückliches Mitglied einer Gruppe, die gerne zusammen lernt und sich einander mitteilt.

4. **„Wähle ein Lob"**
   Allzu oft ruft ein Rektor die Eltern mit schlechten Nachrichten an. Hier kontaktiert die Rektorin die Eltern, wenn ihr Kind auf einem Gebiet exzellente Leistungen gezeigt hat.

5. **Wöchentliche Versammlungen**
   Kinder tragen ein Gedicht oder eine Geschichte vor, die sie zusammen mit anderen geschrieben haben. Der „Schüler der Woche" – ein Kind, das sehr hart gearbeitet oder sich in einer anderen Weise hervorgetan hat – bekommt eine Anerkennung bei der wöchentlichen Versammlung.

6. **Briefe an Schüler**
   Die Rektorin schreibt Briefe an Schüler, die außergewöhnliche Beiträge für die Schule geleistet haben oder besonders freundlich zu einem anderen Schüler waren. Persönliche Briefe werden auch an die Eltern von allen Schülern geschrieben, die im Zeugnis große Verbesserungen aufweisen.

7. **Geburtstagskarten**

   Alle Schüler erhalten mit der Post eine Geburtstagskarte von der Rektorin und den Lehrern.

8. **Außerunterrichtliche Aktivitäten**

   Sport, Musik, Kunst-AG, Theater-AG und Wissenschaftsmarkt stehen allen Schülern offen und jeder Schüler, der an einer sportlichen Aktivität teilgenommen hat, wird Teil des Schulteams. Beteiligung wird großgeschrieben.

9. **Der Rektorin vorlesen**

   Schüler kommen regelmäßig ins Büro der Rektorin, um ihr vorzulesen, und erhalten einen Button *„Ich habe der Rektorin vorgelesen"*.

10. **Schreiben, um der Rektorin vorzulesen**

    Schüler schreiben einen Brief an die Rektorin, in dem sie sie bitten, ihr ein Lieblingsbuch oder eine Geschichte, die sie selbst geschrieben haben, vorlesen zu dürfen, und werfen den Brief in einen großen Kasten neben ihrem Büro. Die Rektorin macht dann einen Termin mit dem Schüler aus. Sie setzen sich zusammen und haben Freude an einer Geschichte. Die Rektorin liest vielleicht einige Absätze vor, um gute Lesegeschwindigkeit und Ausdruck zu demonstrieren. Danach wird der Brief des Schülers an das Schwarze Brett geheftet, zusammen mit einem Foto von Schüler und Rektorin und dem ausgewählten Buch. Während der wöchentlichen Versammlung wird die Rektorin dem Rest der Schule gegenüber erwähnen, was der Schüler vorgelesen hat.

11. **Bürosprecher**

    Schüler der Klassen 4, 5 und 6 haben Gelegenheit, Bürosprecher während eines Jahres zu sein. Die Schüler sind eine große Hilfe für die Rektorin und ihre Assistentin, und diese Erfahrung gibt ihnen ein großes Gefühl der Verantwortung.

12. **Computerausbildung mit verschiedenen Generationen**

    Von 1996–97 boten die Schüler der Klassen 5 und 6 Computerstunden für Erwachsene aus der Gemeinde an. Interessenten konnten einen Termin vereinbaren; Arrangements und Zeiten wurden zwischen dem jungen Tutor und dem Erwachsenen ausgearbeitet. Die beiden arbeiteten einmal pro Woche über einen Zeitraum von fünf Wochen zusammen. Diese innerschulischen Sitzungen wurden auf Zeiten gelegt, zu denen der Tutor normalerweise an Einzelaufgaben arbeiten würde. Der Tutor übernahm die Verantwortung für die Terminplanung, die Erlaubnis, vom Unterricht befreit zu werden, den Erwachsenen am Eingang abzuholen und alle anderen nötigen Arrangements zu treffen. Dieses erfolgreiche Programm war eine Gelegenheit für die Schüler, einen Sinn für Verantwortung zu entwickeln. Abgesehen von einer Auffrischung ihrer eigenen Computerfertigkeiten erwarben die Schüler wertvolle interpersonelle und kommunikative Fertigkeiten. Ihren Stolz und das Gefühl des Erfolges und der Leistung konnte man darin sehen, wie sie andere Aspekte des schulischen Lebens angingen.

Kapitel VI

Was sind die Voraussetzungen Kooperativen Lernens?

Die Methoden Kooperativen Lernens und Arbeitens werden – in je altersangemessener Anpassung – von 5 bis 95 eingesetzt (und darüber hinaus …). Dabei finden sich Grundideen wie etwa die der positiven Abhängigkeit in der Arbeit mit Kindergruppen ebenso wieder wie im Kollegium oder im Projektteam eines Unternehmens. Menschen handeln nun einmal eigennützig, und wenn sie wiederholt erleben, dass sie ihre Lern- und Arbeitsziele besser bzw. überhaupt nur gemeinsam mit ihrer Gruppe erreichen können, wird dies in aller Regel ihre Kooperationsbereitschaft stärken.

Die nachfolgenden Grundlagen Kooperativen Lernens sind insofern für Klassenraum und Lehrerzimmer gleichermaßen bedeutsam. In Trainings- eignen sich Lehrerinnen und Lehrer kooperative Kompetenzen, Methoden und Strategien oft anhand von Unterrichtsbeispielen an – um sie dann gemeinsam mit ihren Kolleginnen und Kollegen auf die Schulprogrammarbeit zu übertragen. Daher finden Sie in diesem Trainingsbuch an *verschiedenen* Stellen Grundlegendes zum Kooperativen Lernen. Wenn Sie sich mit diesen Ideen vertraut gemacht haben, wird Ihnen der Transfer in verschiedene Bereiche möglich sein.

Basiselemente Kooperativen Lernens

→ Die fünf Basiselemente des Kooperativen Lernens. Integrieren Sie diese Elemente in die Gruppenarbeit – so erhalten Sie die Gewähr für einen gelingenden Arbeitsprozess.

Kleingruppen effektives Lernen zu ermöglichen bedeutet, den Gruppenmitgliedern zu helfen, die Wichtigkeit von Zusammenarbeit und hilfreicher Interaktion zu verstehen. Dies kann erreicht werden, indem man fünf grundsätzliche Elemente in das Kleingruppenerlebnis einbaut. Letztlich werden diese Elemente Werkzeuge zum Lösen von Problemen, die mit Gruppenarbeit in Zusammenhang stehen.

Positive Abhängigkeit

Alle Mitglieder einer Gruppe fühlen sich in der Erreichung eines Zieles miteinander verbunden. Jeder Einzelne muss erfolgreich sein, damit die Gruppe erfolgreich ist.

Gute Teams sind charakterisiert durch gemeinsame Ziele und eine positive Abhängigkeit voneinander, die darin resultiert, dass die Mitglieder zusammenarbeiten, um Ressourcen zu teilen, sich zu unterstützen und zu helfen und gemeinsame Erfolge zu würdigen.

Individuelle Verantwortlichkeit

Jedes Gruppenmitglied verantwortlich machen und bestärken, das beim Lernen Erreichte zu demonstrieren.

In einem produktiven Team ist jedes Mitglied verantwortlich für seinen Anteil an der Arbeit, und die Beiträge aller Mitglieder werden regelmäßig bewertet.

Interaktion von Angesicht zu Angesicht

Die Gruppenmitglieder sind sich räumlich nahe und kommunizieren miteinander auf eine Weise, die kontinuierlichen Fortschritt fördert.

Außergewöhnliche Leistungen können erzielt werden, wenn Teammitglieder regelmäßig interagieren und persönlich in der Aufgabe und miteinander engagiert sind.

Sozial- und Teamkompetenz

Interaktionsfertigkeiten des Menschen, die es Gruppen ermöglichen, effektiv zu funktionieren (z. B. sich abwechseln, ermutigen, zuhören, Hilfestellung geben, etwas klären, Verstehen checken, prüfen). Solche Fertigkeiten verstärken Kommunikation, Vertrauen, Leitungsfunktion, Entscheidungssicherheit und Konfliktmanagement.

Teams funktionieren nur effektiv, wenn die Mitglieder Sozial- und Teamkompetenzen haben und anwenden, was Leitungsfunktion, Entscheidungen treffen, Vertrauensbildung, Kommunikation und Konfliktmangement beinhaltet.

Gruppenstrategien

Johnson, D. W., John, R. T., & Holubec, E. J. (1990): Cooperation in the Classroom (rev. ed.) Edina, MN: Interaction

Die Gruppenmitglieder bewerten ihre gemeinsamen Anstrengungen und streben Verbesserungen an.

Effektive Teams brauchen ausreichend Zeit, um ihre Leistungen zu reflektieren und festzustellen, ob die Teammitglieder effektive, arbeitsfördernde Beziehungen unterhalten.

Positive Abhängigkeit

Die neun Typen positiver Abhängigkeit

→ Die positive Abhängigkeit – eines der fünf Basiselemente des Kooperativen Lernens – ist in neun Typen unterteilt: eine Übersicht.

1. Ziel

Eine gemeinsame Absicht wird festgestellt.
Einer ist erfolgreich, wenn alle erfolgreich sind.

2. Belohnung

Alle Teammitglieder erhalten die gleiche Belohnung,
wenn jedes Teammitglied erfolgreich ist.

3. Äußerer Einfluss

Gruppen konkurrieren mit anderen Gruppen/mit früher
bzw. von anderen erzielten Ergebnissen.

4. Reihenfolge

Die Gesamtaufgabe wird in kleinere Einheiten unterteilt
und in einer festgelegten Reihenfolge erledigt.

5. Umgebung

Gruppenmitglieder sind durch die physische Umgebung
miteinander verbunden/Gruppenmitglieder sitzen
beieinander.

6. Rolle

Jedem Mitglied wird eine komplementäre und mit
den anderen verbundene Rolle zugewiesen.

7. Identität

Teamkameraden entwickeln eine gemeinsame Identität
durch Gruppenname, Flagge, Motto, Lied etc.

8. Simulation

Teammitglieder bearbeiten eine hypothetische Situation
(erfolgreich sein und/oder überleben).

9. Ressourcen

Ein Satz Materialien pro Gruppe.

Positive Abhängigkeit entwickeln

1. Zielabhängigkeit

→ Auf den folgenden Seiten finden Sie eine Vielzahl von konkreten Vorschlägen für methodische Vorgehensweisen, über die Sie positive Abhängigkeit in Gruppenprozessen entwickeln können.

Positive Zielabhängigkeit

besteht, wenn Schüler wahrnehmen, dass sie ihre Lernziele nur erreichen können, *wenn alle anderen Mitglieder ihrer Gruppe auch ihre Ziele erreichen.* Mitglieder von Lerngruppen haben gemeinsame Zielsetzungen, und alle bemühen sich, diese zu erreichen. *Erfolg hängt davon ab, dass alle Mitglieder am Ziel ankommen.* Das Ziel kann sein, dass alle Gruppenmitglieder schriftliche Subtraktion mit Rest verstehen oder die Handlung des Schauspiels „Hamlet" analysieren können.

Möglichkeiten, um positive Zielabhängigkeit zu entwickeln:

1. Der Lehrer fordert *ein Produkt* (z. B. einen Bericht, eine Präsentation oder einen Antwortbogen) *von der Gruppe, das von allen Mitgliedern unterzeichnet ist.* Die Unterschriften zeigen, dass jedes Mitglied aktiv an der Herstellung des Produktes beteiligt war, mit ihm einverstanden ist und den Inhalt kennt und erklären kann. Eine Variation dieser Vorgehensweise wäre, festzulegen, dass kein Gruppenmitglied eine Benotung für eine Arbeit erhält, bevor nicht alle sie eingereicht haben.

2. Der Lehrer *wählt beliebig* das Arbeitsblatt, den Bericht oder das Thema eines Gruppenmitgliedes, um es auszuwerten. Das bedeutet, dass die Mitglieder verpflichtet sind, gegenseitig ihre Arbeiten zu lesen und zu korrigieren, um sicherzugehen, dass es 100%ig stimmt, bevor der Lehrer irgendein Blatt auswählt, aufgrund dessen er die Gruppe beurteilt. Variationen wären z. B., ein beliebiges Mitglied auszuwählen, das demonstrieren soll, dass es z. B. das Konzept beherrscht oder einen Satz im Fremdsprachenunterricht übersetzen kann oder den Test für die Gruppe schreibt. Diese Vorgehensweise sichert, dass jedes Mitglied verantwortlich ist, das vorgegebene Material zu lernen. So entsteht eine enge Beziehung zwischen Zielabhängigkeit und individueller Verantwortlichkeit bzw. Leistung. Individuelle Verantwortung ist der Maßstab, ob jedes Gruppenmitglied das Gruppenziel erreicht hat oder nicht. Individuelle Verantwortung kann nicht existieren, wenn nicht zuvor Zielabhängigkeit eingerichtet wurde.

3. Der Lehrer führt *eine Gruppenfortschrittstabelle.* Die Gesamt- oder Durchschnittspunkte einer Gruppe können auf einer Tabelle verzeichnet werden. Die Schüler sind dann dafür verantwortlich, ihre eigenen Leistungen und die ihrer Gruppenmitglieder zu steigern, um einen Fortschritt auf der Gruppentabelle sichtbar zu machen.

4. Der Lehrer erstellt *individuelle Levels der Beherrschung des Materials,* die jedes Gruppenmitglied erreichen muss, damit die Gruppe als Ganzes erfolgreich ist. Gruppenziel ist es, sicherzustellen, dass alle Gruppenmitglieder ihr Level erreichen.

5. Der Lehrer bestimmt ein *Minimalkriterium*, das alle Gruppenmitglieder erreichen müssen, damit die Gruppe als Ganze erfolgreich ist. Das Ziel ist, sicherzustellen, dass alle Mitglieder die Aufgabe erledigt haben. Ein Beispiel wäre, wenn jedes einzelne Gruppenmitglied zeigen kann, dass es einen Großteil der Lernziele einer Unterrichtseinheit erreicht hat, bevor die anderen Gruppenmitglieder Punkte für die Erledigung der Aufgabe bekommen. Ein anderes Beispiel wäre, die Gruppe für das Erstellen eines Informationsblattes oder einer Präsentation verantwortlich zu machen und keine Note

zu geben, bis nicht alle Gruppenmitglieder einen Artikel für den Infobrief geschrieben haben oder einen Teil der Präsentation übernommen haben. Dies kann in eine Intergruppenarbeit ausgedehnt werden, bei der z. B. die ganze Klasse eine Zeitung produziert, zu der jede Gruppe einen Teil beiträgt (der wiederum einen Beitrag jedes Gruppenmitgliedes enthält), oder indem die Klasse einen „Renaissance-Tag" abhält, bei dem jede Gruppe eine Präsentation zeigt (die wiederum alle Mitglieder einschließen muss).

2. Belohnungsabhängigkeit

Positive Belohnungsabhängigkeit

besteht, wenn jedes Gruppenmitglied die gleiche Belohnung für die Fertigstellung der Aufgabe erhält. *Eine gemeinsame Belohnung* wird für erfolgreiche Gruppenarbeit gegeben. Jeder wird belohnt oder keiner wird belohnt. Ein Beispiel für Belohnungsabhängigkeit ist, wenn jedes Gruppenmitglied 5 Bonuspunkte erhält (oder 15 Minuten Pause extra), wenn alle Gruppenmitglieder bei einem Test 90 % der Aufgaben richtig gelöst haben. Möglichkeiten, positive Belohnungsabhängigkeit zu strukturieren, sind u. a. folgende:

Jeder muss das Ziel kennen – Möglichkeiten der Belohnung

1. Der Lehrer gibt *Bonuspunkte*, die den Punkten aller Gruppenmitglieder hinzugerechnet werden, wenn jeder in der Gruppe ein bestimmtes Kriterium erreicht.
2. Der Lehrer gibt *nicht auf das Lernen bezogene* Belohnungen (wie zusätzliche freie Zeit, zusätzliche Pausenzeit), wenn alle Gruppenmitglieder einen Lerninhalt bis zu einem bestimmten Grad lösen.
3. Der Lehrer gibt *sein Lob* (d. h. soziale Belohnung) der Gruppe als Ganzes, wenn alle Gruppenmitglieder ein bestimmtes Kriterium erreichen.
4. Der Lehrer gibt eine *einzige Gruppennote* für die gemeinschaftlichen Bemühungen der Gruppenmitglieder. Dies sollte vorsichtig getan werden, bis alle Schüler mit Kooperativem Lernen sehr vertraut sind.

Die Belohnungen sollten für die Schüler attraktiv sein, nicht teuer und im Einklang stehen mit Ihrer Unterrichtsphilosophie. Schüler könnten auch ein Brainstorming über mögliche Belohnungen machen. Es ist wichtig, dass Gruppen, die die Kriterien nicht erreichen, nicht trotzdem eine Belohnung bekommen. Die Belohnungen können unterlassen werden, sobald die Motivation, die dem Kooperativen Lernen immanent ist, zum Tragen kommt.

3. Abhängigkeit von äußeren Einflüssen

Positive Abhängigkeit von äußeren Einflüssen

existiert, wenn Gruppen in einen Wettstreit miteinander treten. Die Gruppenmitglieder fühlen sich dann voneinander abhängig, wenn sie danach streben, besser als die anderen Gruppen zu sein und den Wettstreit zu gewinnen. Der vielleicht konstruktivste

Weg, einen gruppeninternen Wettstreit zu managen, ist *Teams-Games-Tournament*, die von David de Vries und Keith Edwards (1973) entwickelt wurde. Eine Vorgehensweise, die wir bevorzugen, ist, die Schüler mit den Punkten der Klasse vom letzten Jahr oder den Gesamtklassenpunkten der letzten Woche wetteifern zu lassen. Ein Lehrer könnte sagen: „Die Klasse vom letzten Jahr erreichte eine Gesamtpunktzahl von 647 bei diesem Test. Könnt ihr es besser machen? Sicher könnt ihr das." Eine solche Konkurrenz reduziert das negative Verhalten, das oft den Wettstreit mit anderen Gruppen in der Klasse begleitet.

4. Reihenfolgeabhängigkeit

Positive Reihenfolgeabhängigkeit

existiert, wenn eine Arbeitsteilung geschaffen wird, bei der die Tätigkeiten eines Gruppenmitgliedes abgeschlossen sein müssen, damit das nächste Teammitglied seine Aufgaben beenden kann. Die Gesamtaufgabe in Teileinheiten aufzubrechen, die in *einer bestimmten Reihenfolge* erledigt werden müssen, ist ein Beispiel für Aufgabenabhängigkeit. Dieses „Fließbandmodell", also das „Hand-in-Hand-Arbeiten", besteht z. B., wenn ein Schüler verantwortlich ist für das Holen von Wasser aus dem Teich oder dem Bach, ein anderer für die Herstellung von Objektträgern, wieder ein anderer für das Anschauen unter dem Mikroskop und ein viertes Mitglied für das schriftliche Festhalten der Organismen, die im Wasser gefunden wurden. Ein anderes Beispiel ist eine „Kettenreaktion", bei der ein Mitglied ein Konzept lernt und dann verantwortlich dafür ist, es einem anderen beizubringen – und die Note, die der Erste bekommt, ist auch die Note des Zweiten. Obwohl Aufgabenabhängigkeit eng mit Ressourcenabhängigkeit verbunden ist, wird sie viel seltener angewandt, weil sich nicht viele Arbeits-/Kernaufgaben für eine solche Arbeitsteilung in „geschlossenen" Schritten eignen.

5. Abhängigkeit von der Umgebung

Positive Umgebungsabhängigkeit

existiert, wenn die Gruppenmitglieder in irgendeiner Weise von physischen Gegebenheiten zusammengehalten werden. Beispiele dafür wären, jeder Gruppe einen spezifischen Platz zu geben, an dem sie sich trifft, Stühle oder Tische zusammenzustellen, die Gruppenmitglieder sich an den Händen halten oder die Arme umeinanderlegen zu lassen, die Gruppenmitglieder aufzufordern, ihre Füße im Kreis zu stellen und diese sich berühren zu lassen, während sie arbeiten, oder mit einem Seil einen Kreis um die Gruppe zu legen. Ein Lehrer einer ersten Klasse, mit dem wir einmal arbeiteten, zog Kreise mit Kreppklebeband auf dem Fußboden und forderte alle Gruppenmitglieder auf, im Kreis zu bleiben, während sie arbeiteten.

6. Rollenabhängigkeit

Positive Rollenabhängigkeit

existiert, wenn jedes Mitglied komplementäre und miteinander verbundene Rollen zugeschrieben bekommt, die Verantwortungen spezifizieren, die die Gruppe braucht, um eine gemeinsame Aufgabe zu erledigen. Normalerweise rotieren die Rollen täglich, damit jeder Schüler ein steigendes Maß an Erfahrung in jeder Rolle bekommt.

Die Rollen werden den Schülern aufgetragen, um konstruktive Abhängigkeit herzustellen und sie neue Fertigkeiten zu lehren. Es gibt zwei Typen von Rollen, die vergeben werden: *Arbeitsrollen* (wie Leser, Schriftführer, Materialverantwortlicher) und *Soziale-Fertigkeiten-Rollen* (wie Ermutiger, Überprüfer, Untersucher). Schüler werden neue Rollen lernen, wenn diese sorgfältig definiert sind, beachtet und belohnt werden. Im Folgenden finden Sie mögliche *Definitionen einiger Rollen,* um Ihnen den Anfang zu erleichtern:

Leser:
Liest das Material für die Gruppe laut vor, sorgfältig und mit Ausdruck, sodass die Gruppenmitglieder es verstehen und behalten können.

Schriftführer:
Hält sorgfältig die besten Antworten der Gruppe auf dem Papier fest, formuliert die endgültige Fassung von dem, was die Gruppe geschrieben hat, lässt die Gruppenmitglieder das Geschriebene prüfen und unterzeichnen, gibt es dann dem Lehrer ab.

Materialverantwortlicher:
Besorgt alle Materialien oder Ausrüstungsgegenstände, die die Gruppe braucht, beaufsichtigt sie und verstaut sie wieder ordentlich.

Ermutiger:
Passt auf, dass jeder teilnimmt, und lädt zögerliche oder stille Mitglieder ein, sich zu beteiligen. Beispiele für Bemerkungen: „Jane, was denkst du?", „Robert, möchtest du etwas hinzufügen?", „Nancy, hilf uns doch mal", „Juanita, was sind deine Ideen dazu?"

Überprüfer:
Überprüft das Verständnis oder das Gelernte von Gruppenmitgliedern, indem er sie bittet, das gelernte oder diskutierte Material zu erklären oder zusammenzufassen. Beispiele für Bemerkungen: „Terry, warum haben wir uns für diese Antwort bei Nummer zwei entschieden?", „James, erkläre, warum wir uns für diese Antwort entschieden haben", „Anne, fass für uns zusammen, was wir hier entschieden haben".

Lobender:
Hilft den Gruppenmitgliedern, ein gutes Gefühl bezüglich ihrer Beiträge zur Gruppenarbeit zu haben, indem er ihnen sagt, wie hilfreich sie sind. Dies ist eine gute Rolle, um abfällige Bemerkungen bekämpfen zu helfen. Beispiele für Bemerkungen: „Dies ist eine gute Idee, Al", „Sharon, du bist sehr hilfreich", „Gute Arbeit, John".

Untersucher:
Hält die Gruppe von oberflächlichen Antworten ab, indem er den Mitgliedern nicht erlaubt, sich zu schnell zu verständigen und auf ein Arbeitsergebnis festzulegen. Er stimmt zu, wenn er überzeugt ist, dass die Gruppe alle Möglichkeiten ausgeschöpft hat. Beispiele für Bemerkungen: „Welche anderen Möglichkeiten gibt es noch in dieser Frage oder diesem Problem?" „Was könnten wir noch hierhin schreiben?", „Lasst uns diese Antwort noch einmal überprüfen".

Andere Rollenbeispiele

Lautstärkeregler (benutzt ein nonverbales Zeichen, um die Gruppenmitglieder daran zu erinnern, leiser zu werden), *Energieversorger* (versorgt die Gruppe mit neuer Energie, wenn sie nachlässt), *Zusammenfasser* (fasst das Material noch einmal zusammen, sodass Gruppenmitglieder es noch einmal nachprüfen können), *Beobachter* (verfolgt, wie gut die Gruppenmitglieder miteinander arbeiten), *Hilfesuchender, Zeitmanager, Fragesteller und Zusammenfasser.* Denken Sie sich Rollen aus, die zur jeweiligen Aufgabe und den Schülern passen.

7. Identitätsabhängigkeit

Positive Identitätsabhängigkeit

existiert, wenn eine Gruppe eine gemeinsame Identität aufbaut – durch einen Namen, eine Flagge, ein Motto oder ein Lied. Englischlehrer möchten Gruppen vielleicht den Namen eines Dichters geben (The Whitman's, Frost's, Cumming's und Hugh's). Ein Naturwissenschaftslehrer kann Gruppen Namen berühmter Wissenschaftler geben. Die Schüler können sich ihre Gruppennamen auch selbst aussuchen.

8. Simulationsabhängigkeit

Positive Simulationsabhängigkeit

existiert, wenn eine Aufgabe gegeben wird, die erfordert, dass die Gruppenmitglieder sich vorstellen, sie seien in einer Situation, in der es auf Leben oder Tod geht und in der sie zusammenarbeiten müssen, um zu überleben. Übungen, wie *Überleben auf dem Mond* und *Überleben im Winter,* sind Beispiele. Eine abgeschwächte Form ist, den Schülern eine Simulationsrolle zu geben, die sie ausführen müssen. Ein Lehrer könnte sagen: „Ihr seid *die leitenden Computerprogrammierer der Welt.* Eure Aufgabe ist, die Welt vor dem Computerzusammenbruch im Jahr 2010 zu retten, indem ihr die Antworten auf diese schwierigen und mysteriösen Gleichungen findet!"

9. Ressourcenabhängigkeit

Positive Ressourcenabhängigkeit

existiert, wenn jedes Gruppenmitglied nur einen Teil der Informationen, Ressourcen oder Materialien hat, die nötig sind, um die Aufgabe zu erledigen, und die Ressourcen der Mitglieder zusammengefügt werden müssen, um das Gruppenziel zu erreichen. Möglichkeiten, positive Ressourcenabhängigkeit zu strukturieren, sind folgende:

1. Der Lehrer limitiert die Ressourcen, die der Gruppe gegeben werden. Nur ein Bleistift, zum Beispiel, wird einer Gruppe von drei Schülern gegeben. Andere Ressourcen, die limitiert werden können, sind Textbücher, Antwortbögen, Scheren, Wörterbücher, Landkarten, Schreibmaschinen, Computer und Tabellen der chemischen Elemente.

2. Der Lehrer schneidet Materialien wie ein Puzzle auseinander, sodass jedes Mitglied einen Teil des ganzen Materials hat. Zum Beispiel wird jedem Gruppenmitglied nur ein Satz eines Absatzes gegeben und die Gruppe hat die Aufgabe, die Sätze in die richtige Reihenfolge zu bringen. Die Aufgabe könnte sein, einen Aufsatz über Pierre Trudeau zu schreiben und einem Gruppenmitglied Informationen über seine Kindheit zu geben, Informationen über Trudeau als Premierminister einem anderen. Eine andere Art von Puzzle ergibt sich, wenn die Aufgabe die Herstellung einer Collage ist und ein Mitglied den Kleber hat, ein anderes die Schere und ein drittes die Zeitschriften.

3. Materialien, die in Puzzlemanier auseinandergeschnitten werden können, sind Vokabeln, Gedichtzeilen, Buchstaben eines Wortes, Sätze eines Textabschnittes, die in Reihenfolge gebracht werden müssen, Worte für einen Satz, Bilder, Definitionen, Probleme, Teile einer Wegbeschreibung, Laborausstattungen, Teile einer Landkarte, Malutensilien, Zutaten fürs Kochen und Ausschnitte eines Berichtes.

4. Der Lehrer gibt den Schülern Schreibaufgaben mit der Auflage, dass jedes Mitglied einen Satz in einem Abschnitt beisteuern muss, einen Artikel zu einem Informationsbrief, einen Absatz oder einen Aufsatz schreiben muss oder ein Kapitel eines „Buches".

Verschiedene Typen positiver Abhängigkeit

→ Mithilfe dieses Arbeitsblattes können Ihre Schüler die neun Typen positiver Abhängigkeit anhand von Beispielen identifizieren.

▸ Identifiziert als Gruppe die verschiedenen Typen positiver Abhängigkeit, die durch die Beispiele repräsentiert werden. Jeder von euch sollte die Seite unterschreiben, wenn ihr eine Einigung erzielt habt.

1. _____

   Ihr habt ein Blatt Papier für euch vier, auf den der Textabschnitt geschrieben werden muss.

2. _____

   Eurer Punktzahl werden 10 hinzugefügt, wenn der Durchschnitt für eure Gruppe über 90 % liegt.

3. _____

   Einer schneidet aus, der Zweite klebt auf und der Dritte stellt das Projekt der Klasse vor.

4. _____

   Erledigt zehn der Aufgaben auf Seite 73 in der Gruppe.

5. _____

   Gebt vor, dass ihr Mitglieder von einer Vertriebsabteilung seid. Entwickelt einen Plan, der den Verkauf der Firma erhöht.

6. _____

   Denkt euch ein Handzeichen aus, das eure Gruppe benutzt, wenn ihr erfolgreich Probleme löst.

7. _____

   Einer ist der Vorleser, der andere der Schriftführer. Tauscht die Rollen für jede Frage, die beantwortet werden muss.

8. _____

   Die Gewinner vom letzten Jahr benötigten für den Staffellauf 25 Sekunden. Versucht, diese Zeit zu verbessern.

9. _____

   Setze dich mit deinem Partner in den grünen Kreis.

10. _____

    Als eine Pionierfamilie plant ihr die ersten drei Dinge, die ihr tun werdet, wenn ihr im Winter eingeschneit seid.

Verschiedene Typen positiver Abhängigkeit

Bitte tut das Folgende in euren Gruppen:

▸ Wählt eine der neun Typen von positiver Abhängigkeit und schreibt eine kurze Erklärung und/oder gebt ein Beispiel.

▸ Gebt das Blatt nach links weiter, wählt eine andere der neun Typen und schreibt eine Erklärung und/oder gebt ein Beispiel.

▸ Macht weiter, bis alle neun Typen erklärt sind und/oder ein Beispiel haben.

→ Mithilfe dieses Arbeitsblattes können Ihre Schüler Beispiele für die neun Typen von positiver Abhängigkeit entwickeln.

Typen	Erklärung/Beispiel
1. Zielabhängigkeit	
2. Belohnungsabhängigkeit	
3. Abhängigkeit von äußeren Einflüssen	
4. Reihenfolgeabhängigkeit	
5. Umgebungsabhängigkeit	
6. Rollenabhängigkeit	
7. Identitätsabhängigkeit	
8. Simulationsabhängigkeit	
9. Ressourcenabhängigkeit	

Teil VII

Wie wichtig sind soziale Kompetenzen?

Sozialkompetenz ist fast schon zu einem Modewort geworden. Was aber bedeutet es wirklich? Der Begriff Kompetenz umfasst nach Oerter zunächst „eine Vielzahl von Einzelleistungen und -fertigkeiten, die sich im Laufe der Entwicklung zu jeweils einem bestimmten Niveau der Bewältigung von Lebensaufgaben organisieren" (Oerter 1994, S. 27). Unter sozialen Kompetenzen werden solche Fähigkeiten und Fertigkeiten verstanden, die Menschen helfen, soziale Interaktionssituationen (alters-) angemessen zu erkennen und einzuschätzen sowie darauf aufbauend in diesen erfolgreich zu handeln.

Zu den häufig genannten Komponenten zählen Kommunikations- und Kooperationsfähigkeit, Durchsetzungs- und Konfliktfähigkeit, Empathie und Flexibilität.

Soziale Kompetenzen gelten als Schlüssel für persönliche und professionelle Erfolge. Anders gesagt: Wer zwar viel weiß, aber nicht mit anderen Menschen zurechtkommt, wird nicht unbedingt Karriere machen, und noch weniger wird er erfüllte Beziehungen erleben.

Das Konzept des Kooperativen Lernens geht von einem Mindestmaß an Sozialkompetenz aus – und entwickelt sie zu einem Höchstmaß weiter.

Soziale Kompetenzen für erfolgreiche Gruppenarbeit

→ Soziale Kompetenzen von Schülern sind eine entscheidende Grundlage für erfolgreiche Arbeitsprozesse. Hier finden Sie konkrete Vorschläge, wie Sie Ihren Schülern diese Kompetenzen vermitteln können.

David und *Roger Johnson* haben ihre Arbeit der Erforschung der Effektivität von Kooperativem Lernen gewidmet. Eines ihrer Bücher (Cooperation and Competition: Theory and Research; 1989) bietet einen Überblick zu diesem wichtigen Forschungsgebiet. Die folgenden Ausführungen konzentrieren sich auf einen kleinen, aber wichtigen Aspekt ihrer Gesamtarbeit: Lehrern zu helfen, ihre Schüler dabei zu unterstützen, die für eine produktive Gruppenarbeit notwendigen sozialen Kompetenzen zu erwerben.

Die Autoren bieten einen kurzen Überblick über die praktischen Gründe, warum Lehrer ihren Schülern diese wichtigen interpersonellen Kompetenzen nahebringen sollten. Sie stellen fest, dass deren Langzeitbedeutung wichtiger sein kann als der kurzfristige Lernerfolg. Indem sie Untersuchungen über Arbeitsfähigkeit und Erfolg im Arbeitsleben analysierten, stellten sie fest, dass allein ein hohes Maß an Wissen über technische Abläufe und Zusammenhänge auf lange Sicht nicht genügt, um Karriere zu machen. Die vorhandenen Daten der Center-for-Public-Resources-Studie ("Basic Skills in the U. S. Workforce", 1982) zeigen, dass von Gekündigten 90 % aufgrund schlechter Arbeitshaltung, unzureichenden zwischenmenschlichen Beziehungen und unangemessenem Verhalten entlassen wurden. Die Autoren schließen, dass selbst in High-Tech-Jobs die Fähigkeit, erfolgreich mit anderen zu arbeiten, unumgänglich ist.

Unglücklicherweise wissen Menschen nicht instinktiv, wie man erfolgreich mit anderen arbeitet. Einfach Schüler zusammen in eine Gruppe zu stecken und ihnen zu sagen, sie sollen zusammenarbeiten, schafft nicht automatisch Zusammenarbeit. Es ist nicht wahrscheinlich, dass dies die erwartete höhere Leistung erzeugt oder andere positive soziale Effekte. Die Fertigkeiten, die Schüler für solche positiven und produktiven Kooperationsbemühungen brauchen, müssen explizit gelehrt werden, und die Schüler müssen motiviert werden, sie zu gebrauchen. Um in einem kooperativen Setting erfolgreich zu arbeiten, müssen folgende Bedingungen gegeben sein: positive Abhängigkeit, Interaktion von Angesicht zu Angesicht, individuelle Verantwortlichkeit, soziale Fertigkeiten und Gruppenstrategie. Wie stellen Lehrer diese Bedingungen her und welche Fertigkeiten brauchen Schüler?

Was haben die Wissenschaftler herausgefunden?

Um eine koordinierte Anstrengung zu erreichen und die Schüler gemeinsame Ziele erreichen zu lassen, müssen Schüler:
1. sich kennenlernen und einander vertrauen,
2. genau und unzweideutig kommunizieren,
3. sich gegenseitig akzeptieren und unterstützen und
4. Konflikte konstruktiv lösen.

Die Autoren schlagen eine ganze Reihe von Schritten vor, die Lehrer befolgen können, um mit ihren Schülern diese Bedingungen zu erreichen:

1. Lehren Sie die Schüler, warum diese Fertigkeiten für sie wichtig sind. Schüler müssen zu der Überzeugung kommen, dass sie bessere Ergebnisse erzielen, wenn sie diese Fertigkeiten kennen und anwenden.

2. Schüler müssen verstehen, was eine (bestimmte) Fertigkeit ist (und was sie nicht ist) und wann sie benutzt wird. Lehrer können den Schülern helfen, eine bestimmte Fertigkeit zu erkennen, indem sie fragen: „Wie würde diese Fertigkeit aussehen?" Schüler könnten darauf mit nonverbalem Verhalten, wie z. B. einem Klaps auf die Schulter antworten. Dann fragt der Lehrer: „Wie würde sich diese Fertigkeit anhören?" Schüler könnten mit Sätzen wie diesen antworten: „Gute Idee!" – „Das ist interessant."

3. Schüler brauchen viele Gelegenheiten, diese Fertigkeiten zu üben. Rollenspiele sind eine der besten Möglichkeiten, um Schülern über das ungewöhnliche, künstlich anmutende und unnatürliche Gefühl hinwegzuhelfen, das eine neue Fertigkeit begleitet.

4. Schüler brauchen häufiges Feedback über die Qualität und Quantität ihres interpersonellen Verhaltens. Sie müssen ziemlich präzise wissen, ob sie sich richtig verhalten.

5. Lehrer müssen Schüler ermutigen, während der ungewohnten und scheinbar unechten Einübung der Fertigkeiten durchzuhalten. Sie können das tun, indem sie die Fertigkeit als Rolle für die ganze Gruppe zum Üben geben und auch der ganzen Gruppe Feedback über die Umsetzung geben.

6. Lehrer sollten einen Plan haben, wie sie Verhalten und erworbene Kompetenzen belohnen, wenn Schüler sie anwenden. So könnten Bonuspunkte an die Gruppen vergeben werden, wenn sie das angestrebte kooperative Verhalten zeigen. Solche Bonuspunkte würden dann für die Benotung und als besondere Anerkennungen gesammelt.

Was folgt daraus für die Praxis?

Letztlich liegt die Aufgabe, kooperative Kompetenzen zu unterrichten, bei den einzelnen Lehrern in ihren jeweiligen Klassenzimmern. Weitaus effektiver wäre es allerdings, wenn die gesamte Schule darüber Konsens hätte. Zum Beispiel könnte die Schule ein Programm erstellen, das sich auf die gemeinsame schulübergreifende Entwicklung von spezifischen Kompetenzen konzentriert. Dies würde es Lehrern ermöglichen, Schüler zu ermutigen, nach Kompetenzen außerhalb des Klassenzimmers Ausschau zu halten – auf den Gängen, dem Schulhof, im Bus usw. Es würde die Wahrnehmung solcher Kompetenzen unterstützen.

Lehrer höherer Klassen könnten gemeinsame kooperative Aktivitäten mit Lehrern der unteren Klassen planen, was den älteren Schülern erlauben würde, als Rollenvorbild zu fungieren, als Coaches und sogar als Beobachter der jüngeren Schüler. Spezifische Lernaufgaben über die verschiedenen Altersgruppen hinweg würden jüngeren und älteren Schülern helfen, die erwünschten Kompetenzen einzuüben.

Und schließlich werden Lehrer diese interpersonellen und Kleingruppenkompetenzen viel effektiver unterrichten, wenn sie eine Möglichkeit haben, sie in ihrer eigenen Erwachsenenwelt vorzuleben. Die Diskussion um Schulprogrammarbeit und Qualitätsverbesserung schafft ein ideales Setting, diese Kompetenzen zu üben. Das Ergebnis: höhere Leistungen sowie verbesserte Kommunikation und Problemlösungsfähigkeiten in der Schule.

Johnson, David W. and Roger T. Johnson. „Social Skills for Successful Group Work". Educational Leadership. Vol. 47, No. 4, December 1989/January 1990, pp. 29–33.

Kompetenzen für soziale Interaktion

→ Diese Liste bietet eine Auswahl sozialer Kompetenzen. Welche halten Sie für besonders wichtig? Welche würden Sie noch hinzufügen?

- Sich abwechseln (gleichberechtigt)
- Material und Unterlagen teilen
- Um Hilfe bitten
- Um Klärung bitten
- Loben
- Mit ruhiger Stimme sprechen
- Jeder beteiligt sich (gleichberechtigt)
- Sich ruhig zu Gruppen zusammenfinden
- Unterstützung ausdrücken
- Bei der Aufgabe bleiben
- Umgänglich sein
- Freundliche Dinge sagen
- Nachfragen, ob man verstanden wurde (Verständnis-Check)
- Sich mit Namen ansprechen
- Ermutigen
- Ideen kritisieren, nicht Menschen
- Unterschiedliche Meinungen nicht in verletzender Weise ausdrücken
- „Bitte" und „Danke" sagen
- Den zur Verfügung stehenden Platz in kooperativer Weise teilen
- Gruppenarbeit vorantreiben
- Die Antwort eines anderen erweitern
- Nach Gründen fragen
- In die Tiefe gehend fragen
- Ärger kontrollieren
- Ablenkung ignorieren
- Verhandeln
- Verantwortlich sein
- Unterschiede akzeptieren
- Sich in akzeptabler Weise behaupten
- Zuhören (aktiv)
- Ein guter „Mitspieler" sein
- Konflikte lösen
- Übereinstimmung/Konsens erreichen
- Den Wert anderer erkennen
- Etwas durchziehen
- Anweisungen befolgen
- Fragen stellen
- Zusammenfassen

- Etwas mit eigenen Worten ausdrücken
- Jeden mit einbeziehen
- Mit Materialien und Unterlagen richtig umgehen
- Non-verbale Ermutigung und Unterstützung ausdrücken
- Erfolge feiern
- In der Gruppe zusammensitzen
- In der Gruppe bleiben
- Selbstkontrolle ausüben
- Sich in der Gruppe gegenseitig anschauen
- Ideen klären
- Ideen beitragen
- Brainstorming durchführen
- Verarbeiten
- Unterschiedlicher Meinung sein, ohne andere Menschen zu kritisieren
- Wenn passend, Gefühle beschreiben
- Der Gruppe neue Energie geben

B. Bennett, C. Rolheiser-Bennett, L. Stevahn (1991), Cooperative Learning: Where Heart Meets Mind

Entscheidungen vor dem Vermitteln sozialer Kompetenzen

1. Welche Eigenschaften sind in Ihrem speziellen Kontext am wichtigsten?

2. Welche Fertigkeiten sind am wichtigsten, um erfolgreiche Interaktionen zwischen den Gruppenmitgliedern zu gewährleisten?

3. Welche Fähigkeiten fördern am ehesten Denkprozesse auf höheren Ebenen?

4. Welche Verhaltensweisen fördern am ehesten die Entwicklung von Vertrauen zwischen den Teammitgliedern?

5. Welche Kompetenzen fördern die Chancen, Konflikte zu lösen?

6. Welche Fähigkeiten und Fertigkeiten fördern und klären Kommunikation?

7. Welche Kompetenzen wenden Ihre Schüler bereits an?

8. Auf welche Fertigkeiten würden sich Ihre Schüler konzentrieren?

9. Wählen Sie die fünf wichtigsten Kompetenzen, die Ihre Schüler lernen sollen, und bilden Sie eine Rangreihe. Wie wollen Sie sie vermitteln?

→ Zu Ihrer Vorbereitung: Überlegen Sie, wie Sie bei der Vermittlung von sozialen Kompetenzen vorgehen könnten. Welche Prioritäten wollen Sie setzen?

B. Bennett, C. Rolheiser-Bennett, L. Stevahn (1991), Cooperative Learning: Where Heart Meets Mind

Kompetenz-Checkliste

→ Eine Checkliste für Ihren Arbeitsprozess: *Wie ist der aktuelle Stand, wie soll es weitergehen?* Haken Sie die Kompetenzen ab, die Ihre Schüler bereits beherrschen. Machen Sie ein Sternchen bei den Kompetenzen, die Sie momentan vermitteln. Machen Sie einen Pfeil bei den Kompetenzen, die Sie als nächste vermitteln werden.

Formierungs-Kompetenzen

☐ Sich ruhig in Gruppen begeben
☐ Bei der Gruppe bleiben
☐ Den Geräuschpegel beobachten
☐ Sich abwechseln
☐ Das Arbeitsblatt der Gruppe anschauen
☐ Die Namen der Mitglieder benutzen
☐ Den Sprechenden anschauen
☐ Niemanden „niedermachen" oder „runterputzen"

Funktions-Kompetenzen

☐ Meinungen und Ideen austauschen
☐ Fakten und logisches Denken einfordern
☐ Der Gruppenarbeit Richtung geben
☐ Jeden zur Beteiligung ermuntern
☐ Um Hilfe oder Klärung bitten
☐ Unterstützung und Akzeptanz ausdrücken
☐ Erklärung oder Klarstellung anbieten
☐ In eigenen Worten wiedergeben
☐ Der Gruppe neue Energie geben
☐ Gefühle beschreiben

Formulierungs-Kompetenzen

☐ Laut zusammenfassen
☐ Nach Genauigkeit und Sorgfalt streben
☐ Nach Bearbeitung streben
☐ Der Gruppe helfen, sich zu erinnern
☐ Verständnis-Check
☐ Die anderen bitten, laut zu denken und zu planen

Katalysator-Kompetenzen

☐ Ideen kritisieren, ohne Menschen zu kritisieren
☐ Zwischen Ideen und logischem Denken der Gruppenmitglieder unterscheiden
☐ Ideen in Einzelpositionen integrieren
☐ Um Begründung bitten
☐ Antworten weiter ausführen
☐ Prüfen, indem man tiefergehende Fragen stellt
☐ Weitere Antworten auslösen
☐ Die Arbeit der Gruppe einem Realitätscheck unterziehen

Roger & David Johnson

T-Charts

Soziales Verhalten sollte den Schülern erklärt, modellhaft vorgelebt und mit ihnen disku- tiert werden. Nehmen Sie nicht an, das, allein weil Sie den Schülern *sagen*, sie sollen sich gegenseitig „helfen und ermutigen", diese beginnen werden, es zu tun. Es ist wichtig, dass solche Kompetenzen ausdrücklich eingeübt werden.

Eine einfache Technik, um sich auf Teamwork-Kompetenzen zu konzentrieren, ist, mit den Schülern ein T-Chart aufzustellen. Zeichnen Sie zwei Spalten an die Tafel oder auf ein Flip-Chart-Papier. Fragen Sie die Schüler, wie „helfen und ermutigen" der Teamkamera- den aussieht. Mit anderen Worten, was könnte der Lehrer beobachten, um festzustellen, dass „helfen und ermutigen" in einem Team stattfindet? Notieren Sie die Antworten in der Kolumne „Sieht aus wie". Die Schüler könnten Beispiele geben für *aufmerksam zuhören, die Lösung erklären, ohne die Antwort zu geben, nicken, die Teamkameraden anlächeln, anerkennend auf den Rücken klopfen, die Daumen hochhalten oder andere „Gewinnerzeichen" zeigen.*

Als Nächstes fragen Sie die Schüler, wie sich „helfen und ermutigen" anhören. Was könnte der Lehrer hören, wenn die Teammitglieder sich gegenseitig „helfen und ermuti- gen"? Schüler könnten Sätze sagen wie „Nur weiter so; das ist eine großartige Erklärung", „Danke für deine Hilfe; ich verstehe jetzt, wie es gemacht wird", „Gute Lösung; auf diese Methode wäre ich nicht gekommen", „Du kannst es" und ähnliche Bemerkungen, die Sie in der Kolumne „Hört sich an wie" auflisten.

Eine einfache Aktivität wie diese beansprucht nur ein paar Minuten, aber demonstriert den Schülern deutlich die Verhaltensweisen, die Sie von ihnen erwarten. Sie werden mit viel größerer Wahrscheinlichkeit gute Arbeit leisten, wenn sie sich gegenseitig „helfen und ermutigen": Diese Charts können zur Erinnerung im Klassenzimmer aufgehängt werden und als Verstärker während des ganzen Schuljahres dienen. Machen Sie jedes Mal, wenn eine neue soziale Kompetenz vorgestellt oder aus vergangenen Jahren „er- innert" werden soll, ein T-Chart mit ihrer Klasse.

→ T-Charts und Y-Charts sind einfache, aber effektive Hilfsmittel, um Schülerrückmeldungen schnell und übersichtlich abzurufen und zu präsen- tieren. Auf den Seiten 94 und 95 finden Sie je ein T-Chart und ein Y-Chart als Kopiervorlage.

Sieht aus wie	Hört sich an wie

Bemerkung: Für ältere Schülerinnen und Schüler können die Ausdrücke „Körpersprache" und „Verbale Kommunikation" anstelle von „Sieht aus wie" und „Hört sich an wie" verwendet werden.

T-Chart

Soziale Kompetenz: _____

Sehen	Hören
Sieht aus wie	Hört sich an wie

Y-Chart

Kompetenz: _____

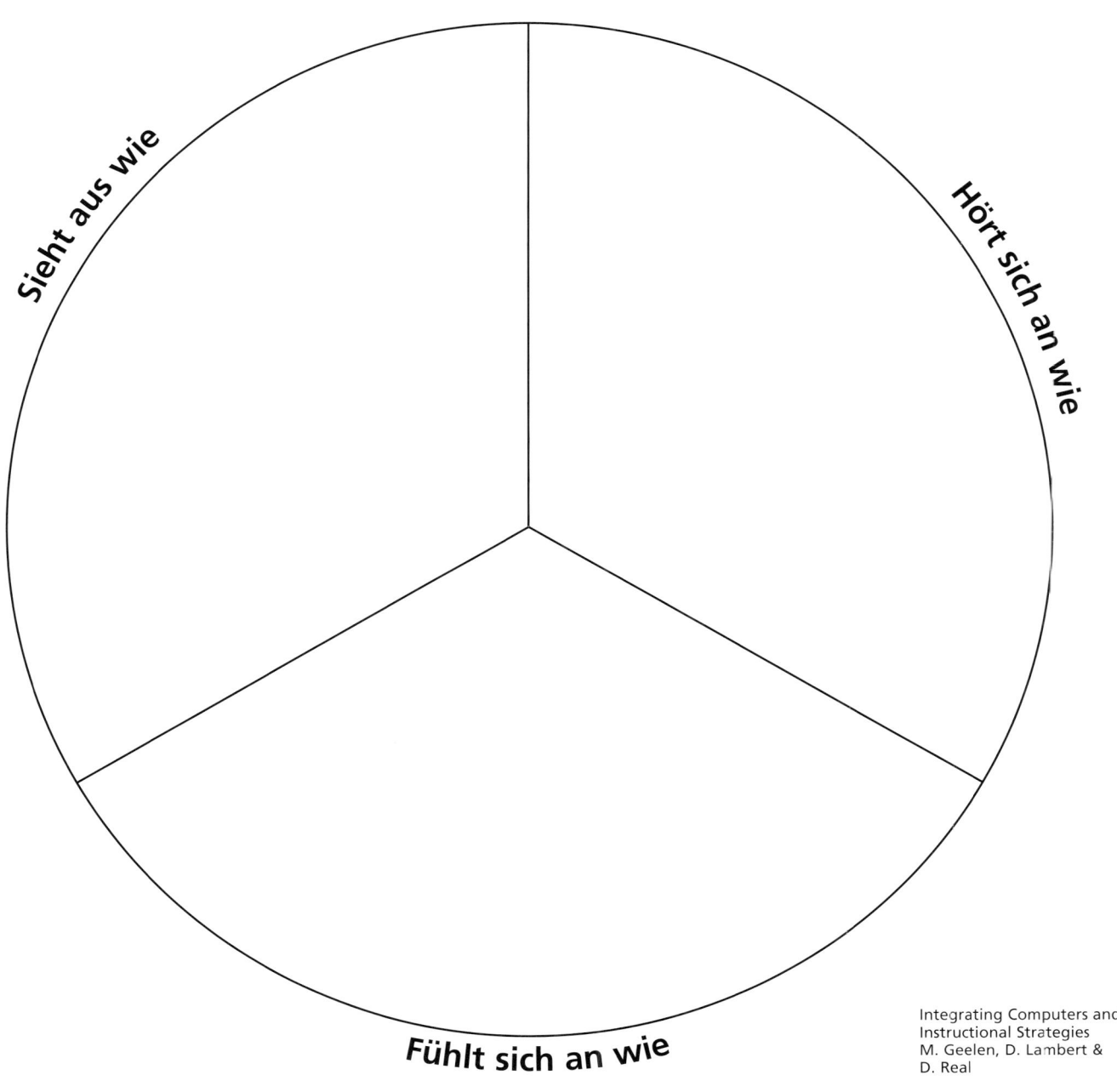

Sieht aus wie

Hört sich an wie

Fühlt sich an wie

Integrating Computers and
Instructional Strategies
M. Geelen, D. Lambert &
D. Real

Teil VIII

Wie verändert sich die Rolle der Lehrerin/des Lehrers?

Ähnlich wie beim Konzept des Offenen Unterrichts verändert sich auch beim Kooperativen Lernen die Lehrerrolle. Der Fokus verlagert sich vom Unterrichten zum Unterstützen und über die Schule hinaus zu den Eltern und zur Umwelt. Zum Selbstverständnis solcher Lehrerinnen und Lehrern gehört, sich selbst als Lernende wiederzuentdecken und für ihre Schülerinnen und Schüler Lernarrangements zu gestalten, die ihnen ein Höchstmaß an Aktivität, Selbst- und Mitverantwortung, Motivation, Wissens- und Kompetenzzuwachs ermöglichen. Zugleich sehen solche Lehrerinnen und Lehrer ihr Kollegium zunehmend als Team oder bilden Teams innerhalb der Schule, um sich die anfallende Arbeit sinnvoll zu teilen, sich gegenseitig zu unterstützen und sich gemeinsam weiterzuentwickeln.

Im Klassenraum werden kooperative Lehrerinnen und Lehrer vermehrt zu Organisatoren und Moderatoren von Lernprozessen. Sie begreifen das Lernen ihrer Schüler als aktiven Aneignungsprozess, den sie mit Methoden- und Sachkompetenz anleiten, diagnostisch begleiten, evaluieren und weiterentwickeln. Kooperatives Lehren und Lernen bedeutet entspanntes und zugleich konzentriertes Arbeiten für alle Beteiligten.

Die Rolle der Lehrerin/des Lehrers

→ Ihre neue Rolle:
Organisator und
Moderator der
Lernprozesse Ihrer
Schüler – ein kurzer
Überblick.

Die alte Lehrerrolle

Das alte Lehrverständnis gründet sich u. a. auf John Lockes Annahme, ein unerfahrener Schüler sei wie ein weißes Blatt Papier und warte darauf, dass ein Lehrer es beschreibt. Die Gehirne der Schüler werden quasi als Gefäße gesehen, in die Lehrer ihre Weisheit gießen. Daher denken Lehrer beim Unterrichten oft in folgenden Kategorien:

1. Lehreraufgabe ist, den Schülern Wissen zu vermitteln
2. und ihr Gedächtnis mit Wissen zu füllen
3. sowie Schüler einzuschätzen und in Kategorien einzusortieren
4. sowie eine organisierte Wettbewerbsstruktur aufrechtzuerhalten.
5. Es ist davon auszugehen, dass jeder Fachmann mit etwas Lehrerausbildung unterrichten kann und keine weitere Ausbildung dafür benötigt.

Das Modell des Frontalunterrichts, das von den Schülern verlangt, abwartend, diszipliniert und wettbewerbsorientiert zu sein, ist immer noch gang und gäbe. Aktuelle Forschungsergebnisse haben allerdings die Grenzen dieses Unterrichtsmodells hinreichend verdeutlicht. Die Schüler lernen dabei oft nicht, was ihre Lehrer ihnen beizubringen glauben. Die „traditionelle" Lernkultur hat sich überlebt und muss dringend durch eine Lernkultur ergänzt – oder auch ersetzt werden –, die kreativere Wege des Lernens und Unterrichtens beinhaltet.

Die neue Lehrerrolle

In den letzten 15 Jahren gab es eine Fülle von Forschungsergebnissen darüber, wie das menschliche Gehirn arbeitet und welche Faktoren das Individuum zum Lernen motivieren. Auf dieser Grundlage wird über ein neues Verständnis des Lernens und Unterrichtens diskutiert. Man geht davon aus, dass eine neue, der Entwicklungsgeschwindigkeit gesellschaftlicher und technischer Veränderungen angepasste Lernkultur mit der Anpassungsfähigkeit von Individuen verbunden sein muss. Lehrerinnen und Lehrer denken nach diesem neuen Verständnis eher in folgenden Kategorien:

1. Wissen wird von den Schülern erworben, entdeckt, transformiert und erweitert.
2. Schüler müssen aktiv ihr eigenes Lernen und Verstehen gestalten, um herausfordernden Problemen zu begegnen.
3. Das Bemühen des Lehrers zielt darauf, die Fähigkeiten und Fertigkeiten der Schüler zu entwickeln.
4. Bildung ist ein sozialer Prozess, der nicht ohne zwischenmenschliche Beziehungen stattfinden kann.
5. Lehrer verstehen sich als Lernende, die ihr Repertoire an unterrichtlichen und sonstigen Kompetenzen kontinuierlich erweitern.

Das neue Lehrverständnis zielt darauf ab, Schülern zu helfen, ihr eigenes Wissen und Können aktiv zu erwerben, während sie kooperativ mit Klassenkameraden arbeiten. Es wird die zukünftige Rolle von Lehrerinnen und Lehrern im Klassenzimmer sein, derartige Lernprozesse zu ermöglichen. Dieses professionelle Unterrichten erfordert eine adäquate Ausbildung und Kompetenz; und Lehrer werden kontinuierlich ihr Kompetenzrepertoire erweitern müssen.

Die Lehrerrolle bei der Kooperation

Treffen Sie Entscheidungen

Beschreiben Sie präzise kognitive und soziale Ziele.
Welche unterrichtlichen und/oder kooperativen Kompetenzen sollen die Schüler erwerben oder in ihren Gruppen praktizieren? Beginnen Sie mit etwas Leichtem.

Bestimmen Sie die Gruppengröße.
Schüler besitzen meist nicht von vornherein kooperative Kompetenzen, beginnen Sie also mit Partnerarbeit oder Dreiergruppen und gehen Sie anschließend mit Bedacht zu Vierergruppen über.

Teilen Sie die Schüler in Gruppen ein.
Heterogene Gruppen sind am effektivsten, also mischen Sie Fähigkeiten, Geschlecht, kulturelle Hintergründe und Aufgabenorientierung. Ordnen Sie die Schüler zunächst spontan zu – oder stellen Sie die Gruppen gemäß ihren Erfahrungswerten und Vorstellungen zusammen.

Arrangieren Sie den Raum.
Je näher sich die Schüler sind, desto besser können sie kommunizieren. Die Gruppenmitglieder sollten „Knie an Knie und Auge in Auge" arbeiten.

Bereiten Sie Materialien vor.
Materialien können Schülern eine „Geht zusammen unter oder schwimmt"-Botschaft geben, wenn sie der Gruppe nur ein Arbeitsblatt geben oder jedem Mitglied einen Teil der Unterrichtsmaterialien für ein Thema geben, das es dann der Gruppe vermitteln soll.

Verteilen Sie Rollen.
Schüler arbeiten eher zusammen, wenn jeder einen bestimmten Job hat, der zur Aufgabenstellung beiträgt. Sie können Arbeitsrollen verteilen, wie Vorleser, Schriftführer, Rechner, Prüfer, Reporter und Materialverantwortlicher, oder soziale Rollen wie Ermutiger (zur Beteiligung), Lobender und Verständnisüberprüfer.

Planen und strukturieren Sie die Unterrichtsstunde

Erklären Sie die Aufgabe.
Bereiten Sie die Schüler vor, indem Sie sie in allem unterweisen, was sie wissen müssen. Stellen Sie sicher, dass die Schülerinnen und Schüler wirklich verstehen, was sie in den Gruppen tun sollen. Dies kann beinhalten, Stundenziele zu erklären, Konzepte zu definieren, Vorgehensweisen zu erläutern, Beispiele zu geben und Fragen zu stellen.

→Ihre neue Rolle als Organisator und Moderator bringt neue Aufgaben mit sich. Hier erhalten Sie konkrete Anregungen, wie Sie diese Aufgaben angehen und umsetzen können.

Inszenieren Sie positive Abhängigkeit.

Die Schüler müssen das Gefühl haben, dass sie sich gegenseitig brauchen, um die Aufgabe der Gruppe zu erledigen. Einige Möglichkeiten, dies zu gewährleisten, sind gemeinsame Ziele (die Schüler müssen die Materie lernen und sicherstellen, dass die Gruppenmitglieder sie ebenfalls lernen), gemeinsame Belohnungen (wenn alle Gruppenmitglieder über eine bestimmte Prozentzahl beim Test hinauskommen, erhält jeder Bonuspunkte), gemeinsame Materialien und Informationen sowie zugeteilte Rollen.

Strukturieren Sie individuelle Verantwortung.

Jeder Schüler muss sich dafür verantwortlich fühlen, die Inhalte zu lernen und der Gruppe zu helfen. Einige Möglichkeiten, dieses Gefühl zu sichern, sind häufige mündliche Tests von zufällig ausgesuchten Gruppenmitgliedern, individuelle Tests, jeden in der Gruppe schreiben lassen (und aufs Geratewohl ein Blatt zum Benoten herauszunehmen) oder die Schülerinnen und Schüler zuerst ihre Arbeit erledigen lassen, bevor sie sie in die Gruppe mitnehmen.

Gestalten Sie die Kooperation zwischen den Gruppen.

Wenn man die Gruppen untereinander Rücksprache halten und sich gegenseitig helfen lässt und Anerkennung gibt, wenn alle Klassenmitglieder gute Ergebnisse haben, kann man die Vorteile von Kooperation auf die ganze Klasse ausdehnen.

Erklären Sie Ihre Kriterien für Erfolg.

Schülerarbeiten sollten eher auf einer kriterienbezogenen Basis bewertet werden als auf einer normenbezogenen. Machen Sie Ihre Kriterien für die Bewertung der Gruppenarbeit deutlich.

Beschreiben Sie die erwarteten Verhaltensweisen genau.

Je spezifischer Sie dies für das Verhalten, das Sie in den Gruppen sehen wollen, tun, desto wahrscheinlicher werden die Schüler dem nachkommen. Machen Sie deutlich, dass Sie erwarten, dass jeder jedem hilft, zuhört, jeder jeden zur Beteiligung ermutigt, um Hilfe oder Klärung bittet. Jüngeren Schülern muss vielleicht mitgeteilt werden, dass sie in ihrer Gruppe bleiben sollen, sich abwechseln, Materialien teilen müssen, den anderen Fragen stellen sollen und auf die Lautstärke achten müssen.

Unterrichten Sie kooperative Fertigkeiten.

Wenn die Schüler sich daran gewöhnt haben, in Gruppen zu arbeiten, wählen Sie eine kooperative Kompetenz aus, die sie lernen sollen, verdeutlichen Sie die Notwendigkeit dafür. Definieren Sie die Fertigkeit sorgfältig, lassen Sie die Schüler Sätze bilden, die sie sagen können, wenn sie die Fertigkeit anwenden. Hängen Sie die Sätze im Raum auf (Lob, Bonuspunkte, Vorteile) und beobachten und ermutigen Sie die Anwendung der zu erwerbenden Kompetenz, bis die Schüler es automatisch tun. Dann lehren Sie eine weitere. Berücksichtigen Sie Aspekte wie Loben, Zusammenfassen, Ermutigen, Verstehen überprüfen, um Hilfe bitten oder weiterführende Antworten auslösen.

Beobachten Sie und greifen Sie ein

Arrangieren Sie Interaktionen von Angesicht zu Angesicht.

Die guten Lernergebnisse in kooperativen Lerngruppen lassen sich auf die Interaktionsmuster und den verbalen Austausch zurückführen, die zwischen den Schülern stattfinden. Stellen Sie sicher, dass mündliches Zusammenfassen, Geben und Erhalten von Erklärungen und Vertiefen stattfinden.

Beobachten Sie das Verhalten der Schüler.

Während die Schüler arbeiten, gehen Sie herum und schauen, ob sie die Aufgabenstellung und das Material verstanden haben, geben unmittelbares Feedback und Anerkennung für die überzeugende Anwendung von kooperativen Kompetenzen.

Geben Sie Hilfestellung bei Aufgaben.

Wenn Schüler mit einer Aufgabe Schwierigkeiten haben, können Sie klären, wiederholen oder vertiefen, was die Schüler zum Weiterkommen wissen müssen.

Schreiten Sie ein, um kooperative Kompetenzen anzubahnen.

Wenn Schüler Schwierigkeiten mit den sozialen Aufgaben haben, können Sie klären, wiederholen oder vertiefen, worum es geht.

Beurteilen Sie und werten Sie aus

Beurteilen Sie das Lernen der Schüler.

Stellen Sie fest, wie gut die Schüler die Aufgabe bewältigt haben, und geben Sie ihnen Feedback.

Werten Sie das Funktionieren der Gruppen aus.

Um besser zu werden, brauchen Schüler Zeit und Methoden, um zu analysieren, wie gut ihre Gruppe funktioniert und wie gut sie kooperative Kompetenzen bereits einbringen. Dies kann durch Einzelne geschehen, durch Kleingruppen oder die ganze Klasse. Zu Anfang lassen Sie die Gruppen routinemäßig drei Dinge aufzählen, die sie heute in der Zusammenarbeit gut gemacht haben, und einen Aspekt, den sie morgen besser machen wollen. Dann fassen Sie mit der ganzen Klasse zusammen.

Sorgen Sie für einen Abschluss.

Um das Lernen der Schüler zu verstärken, möchten Sie vielleicht die Gruppen gemeinsam antworten lassen oder Sie schlagen vor, Arbeitsblätter auszutauschen, wesentliche Punkte des Unterrichts zusammenzufassen oder wichtige Fakten zu überprüfen.

Johnson, Johnson & Smith

Meine neue Rolle im Unterricht

→ Mithilfe dieses Arbeitsblatts können Sie Ihre neue Rolle im Unterricht reflektieren und einen Stundenverlauf konkret planen.

▶ Notieren Sie mögliche Aktivitäten: für die Vorbereitung der Stunde, für den Stundenanfang, für den Verlauf der Stunde und für das Stundenende.

1. Vor der Unterrichtsstunde

2. Stundenanfang

3. Während der Unterrichtsstunde

4. Stundenende

Was Sie bedenken sollten, wenn Sie eine kooperative Unterrichtsstunde vorbereiten

Teamgröße

→ Die Zusammensetzung und Größe von Teams bzw. Gruppen ist eine entscheidende Komponente für einen gelingenden Arbeitsprozess. Bedenken Sie dies bei Ihrer Unterrichtsvorbereitung. Hier finden Sie Grundlageninformationen für Ihre Planung.

Zweierteams

Diese bieten sich ganz zu Anfang an, um soziale Kompetenzen zu entwickeln.

- Kleine Teams sind die erfolgreichsten.
- Einer der Hauptgründe, warum Teams Schwierigkeiten haben, ist, dass sie zu groß sind, was zur Folge hat, dass nicht alle Teammitglieder am Lernfortschritt beteiligt sind.
- Teams von zwei Schülern haben die größten Interaktionsmöglichkeiten. Sie lernen, Ideen und Fragen mitzuteilen und in einem sicheren, überschaubaren Rahmen Begründungen zu geben.
- Schüler kommen nicht automatisch mit vorhandenen kooperativen Kompetenzen zur Schule. Es müssen ihnen die erforderlichen sozialen Fähigkeiten und Fertigkeiten nahegebracht werden, um mit anderen gemeinsam zu lernen und zu arbeiten, auszukommen und Freundschaften zu schließen.
- Wenn die Zweierteams kontinuierlich die angemessenen Kompetenzen für gute Zusammenarbeit zeigen, können jeweils zwei Teams zusammensitzen.
- *Hinweis:* Wenn Paare Materialien teilen, sollten sie nebeneinandersitzen und nicht gegenüber, um zu vermeiden, dass das Material für einen der beiden auf dem Kopf steht.
- *Hinweis:* Bemessen Sie die für Gruppen-/Teamarbeit zur Verfügung stehende Zeit knapp, um zur Aufgabenorientierung und zum zielgerichteten Arbeiten zu ermutigen.

Dreierteams/Viererteams

- Wenn zwei Paare sich zu einem Team finden, gibt es eine natürliche Verbindung wegen der Interaktionen, die während der Teammitteilungssitzungen stattgefunden haben.
- Wenn Paare sich zusammenfinden und ein Schüler fehlt, gibt es ein natürliches Team. Das verbleibende Dreierteam ist ein vorübergehendes Team.
- Vorsicht: Der Geräuschpegel steigt und es ist möglich, dass es in einem Viererteam mehr von der Aufgabe abweichendes Verhalten gibt.

Teamzusammensetzung

Heterogene Gruppen:

Wege, um heterogene Gruppen zusammenzustellen:

- Leistungsstärke
- Kombination Junge – Mädchen
- ethnische Zugehörigkeit
- Persönlichkeit/soziale Kompetenzen
- Herkunftssprachen
- Lernstile

Leistungsstärke

- Arrangieren Sie die Gruppen so, dass Sie eine Mischung von unterschiedliche Leistungsstärken haben. (H) hohe Leistung, (M) mittlere Leistung, (N) niedrige Leistung.
- Wenn Sie die Schüler zu Paaren zusammensetzen, ist es manchmal ein Vorteil, Schüler zusammenzutun, die leistungsmäßig nicht zu weit voneinander entfernt sind.
- Wenn sie zu weit auseinander sind, haben sie wahrscheinlich zu wenig gemeinsam (Vokabular, Denkfähigkeiten, etc.) und ein Partner könnte das Zweierteam dominieren.
- Wenn sie ein zu ähnliches Level haben, wird es zu wenig Unterschiede in ihren Kompetenzen geben, um das Team zu bereichern.

Mädchen-Junge-Teams

- Sind eine positive Möglichkeit des Klassenmanagements.
- Die Schüler sind vielleicht weniger wettbewerbsorientiert und bekommen eine erweiterte Sichtweise auf bestimmte Themen.

Ethnische Zugehörigkeit

- Um Diskriminierungen zu vermeiden, sollten Sie nicht Schüler gleicher Herkunftsländer zu Teams zusammenstellen.
- Geben Sie allen Schülern die Gelegenheit, sich kennenzulernen, Meinungen und Unterschiede auszutauschen und die Stärken der anderen zu würdigen.

Persönlichkeit/soziale Kompetenzen

- Vermeiden Sie es, Schüler mit zu ähnlichen Verhaltensstilen zusammenzutun. (Zwei schüchterne Schüler verfügen über kein Modell für extrovertiertes Verhalten.)
- Geben sie Schülern die Möglichkeit, bei der Wahl ihres Partners an einem Soziogramm mitzuarbeiten: Lassen Sie die Schüler ihren Namen in die Mitte einer Karte schreiben. Oben auf die Karte schreiben sie die Namen von vier oder fünf Schülern, von denen sie sich vorstellen könnten, sie auf eine Party einzuladen, mit ihnen auf einer Insel gestrandet zu sein, mit ihnen ins Kino zu gehen etc. Fragen Sie nicht: „Mit wem würdest du gern zusammenarbeiten oder zusammensitzen?" Um zu vermeiden, dass Schüler zusammengetan werden, die nicht miteinander können, lassen Sie die Schüler unten auf die Karte den Namen von jemandem schreiben, mit dem sie nicht zusammensitzen möchten.

Zwei Sprachen

- Schüler mit wenig Deutschkenntnissen sollten in ein Team mit einem Partner kommen, der gut Deutsch spricht und liest, um ein Vorbild zu haben.
- Welches Umfeld wäre angenehmer als eine Partnerarbeit, um seine deutschen Sprech- und Lesefertigkeiten zu üben!

Lernstile

- Ein Lehrer kann Schüler anhand ihrer Lernstile in Teams zusammentun, um die Leistung des Teams zu verbessern und zu stärken.
- Zum Beispiel: Platzieren Sie einen „visuell orientierten" Schüler mit einem „auditiven" zusammen, um auch hier Modelllernen zu ermöglichen.

Zufallsteams

- Können gebildet werden, wenn die Gruppe ziemlich homogen ist, um die Monotonie, immer mit denselben Teamkameraden arbeiten zu müssen, zu durchbrechen oder wenn das Team sich nur für kurze Zeit trifft.
- Wenn bei der Teambildung das Zufallsprinzip angewandt wird, besteht die Möglichkeit, dass gute Schüler in einem Team sind und schwache in einem anderen und dass es Probleme mit der Disziplin in einem dritten gibt usw.

Rahmenbedingungen

Sitzordnung

- Achten Sie auf geringe Distanz zwischen den Partnern.
- Nebeneinanderzusitzen hat Vorteile, keine Arbeit „steht auf dem Kopf".
- Stellen Sie sicher, dass niemand dem Lehrer oder der Lehrerin den Rücken zukehrt.
- In Vierergruppen sollten die Schüler „Auge in Auge und Knie an Knie" sitzen.
- Die Lehrer sollten problemlos Zugang zu allen Gruppen haben.

Transparenz

- Oft teilen Lehrer Schüler in Teams ein, ohne eine Erklärung oder einen Grund dafür anzugeben, warum sie sie in Teams einteilen, oder die Erwartungen und Vorteile, die Arbeiten mit einem Partner haben, zu erläutern.
- Machen Sie den Schülern klar:
  - Warum sie in Teams arbeiten werden.
  - Welche Vorteile es hat, mit anderen zu arbeiten.
  - Wie lange sie in diesem Team arbeiten werden.
- Sagen Sie, dass es sein kann oder auch nicht, dass sie mit jemandem zusammen sein werden, der ein enger Freund ist, aber dass es Erwartungen bezüglich eines bestimmten Benehmens gibt, während sie in den Teams zusammen sind, und zudem ist es sinnvoll, einige grundsätzliche Verhaltensweisen zu umreißen.
- *Hinweis:* Vielleicht möchten Sie das Prinzip den Eltern in einem Brief mitteilen, in einem Artikel im Rundbrief (der Schule), auf einem Elternabend oder in einem Video.

Die Gruppe beenden

Es ist wichtig, dass die Schüler eine Vorstellung davon haben, wann die Gruppe beendet wird, damit sie sich darauf vorbereiten können, ihren „neuen Freund" zu verlassen.

- Team-Ende: Erlauben Sie den Partnern, eine Abschlussaktivität zu gestalten, um „Auf Wiedersehen" zu sagen.

  Mögliche Aktivitäten:
  - ein Teamfoto machen
  - dem Partner ein Bild malen
  - dem Partner eine Notiz (einen Brief) schreiben
    - Bemerkungen, mit denen begonnen werden könnte:
      - „Du warst ein guter Partner, weil …"
      - „Ich fand es gut, als …"

Kapitel IX

Wie können Sie kooperativen Unterricht planen?

Kooperatives Lernen will sorgfältig geplant und durchdacht sein. Im Vorfeld jeder Unterrichtseinheit, jeder Unterrichtsstunde gibt es eine Reihe von Entscheidungen zu treffen – zum fachlichen Inhalt, zur Gruppen- und Raumsituation, zur Orientierung auf soziale Kompetenz ... Und nach dem Unterricht gilt es, die gemeinsame Arbeit mit den Schülerinnen und Schülern zu reflektieren. In diesem Kapitel finden Sie Werkzeuge für diese Planungs- und Reflexionsaufgabe.

Stundenplanung

→ ein Werkzeug
für Ihre Stundenplanung

Fachgebiet: _____

Schuljahr (Klasse): _____

**Beschreibung
der Stunde:** _____
_____
_____
_____
_____

Ziele: kognitiv: _____
_____
_____

sozial: _____
_____

Materialien: _____
_____
_____
_____
_____

Organisatorische Gruppengröße: _____
Entscheidungen: Gruppenauftrag: _____
_____
_____
_____

Raumanordnung: _____
_____
_____

Arbeitsaufträge: _____
_____
_____
_____

**Positive
Abhängigkeit:** _____
_____
_____
_____

**Individuelle
Verantwortung:** _____
_____
_____
_____

Erfolgskriterien: _____
_____
_____
_____

**Beurteilung des
Lernfortschritts:** _____
_____
_____

**Soziales Lernen
(Reflexion):** Selbstbeurteilung, von: _____

in Kleingruppen, von: _____

ganze Klasse, von: _____

Bennett, Rolheiser,
Stevahn (1991):
Cooperative Learning:
Where Heart Meets Mind

Stundenplanung

→ ein Werkzeug
für Ihre Stundenplanung

Thema der Stunde: _____

Klasse(n): _____

Intention: _____

Lernresultate:

Lernaufgabe: _____

_____

Soziale Kompetenz: _____

_____

Vorbereitung:

Gruppengröße: _____

Gruppeneinteilung: _____

Raumanordnung: _____

Positive Abhängigkeit:

☐ Ziel   ☐ Rolle   ☐ äußere Einflüsse

☐ Belohnung   ☐ Reihenfolge   ☐ Situation

☐ Ressource   ☐ Simulation   ☐ Identität

**Individuelle
Verantwortung:** _____

_____

Reflexion über:
Ausführung
der Aufgabe: _____

_____

Soziale Interaktion: _____

_____

Stundennachbereitung

Name: _____

Schule: _____

Lektion/Gegenstand _____

Datum: _____

→ ein Werkzeug für Ihre Stundennachbereitung

1. Erfolge erlebt

_____
_____
_____
_____

2. Problemen begegnet

_____
_____
_____
_____

3. Folgende Themen evtl. noch mal überprüfen

_____
_____
_____
_____

4. Kritische oder interessante Vorkommnisse

_____
_____
_____
_____

Teil X

Was bewirken Fragen bei individuellen und kooperativen Aktivitäten?

Lehrerfragen waren seit jeher ein zentrales Element von Unterricht. In die Kritik geraten sind sie vor allem durch ihre Verwendung in einem fragend-entwickelnden Unterricht, der in den meisten Fällen Schülerinnen und Schüler in eine Abhängigkeit von den Fragen des Lehrers/ der Lehrerin zwingt und so ihre Eigenständigkeit stark reduziert. Wie sehen sinnvolle Fragen aus, die in differenzierter Form Wissensbereiche erschließen und weiterführende Arbeitsimpulse geben? Eine Antwort gibt dieses Kapitel.

Fragen bei individuellen und kooperativen Aktivitäten

→ Lehrerfragen sind ein zentrales – aber auch umstrittenes – Element von Unterricht. Hier finden Sie einige wichtige theoretische Fixpunkte zum Verhältnis von Lehrerfragen und Unterrichtsqualität.

In den 70er- Jahren kam es im Kontext der Bildungsreform zu heftigen Polemiken für und wider Lehrerfragen (wobei die Frage nach der Qualität der Fragen selbst eher selten war). Inzwischen wird die „Lehrerfrage" meist unter Impulsen (Frage, Anweisung, Feststellung, stummer Impuls, Bitte usw.) oder auch im Kontext von Unterrichtsgesprächen (themenzentriertes, neo-sokratisches Gespräch usw.) abgehandelt (*Glöckel 1996, S. 21, 71 f.*). Es gibt nur noch wenige Publikationen, in denen die „Lehrerfrage" als „Kernstück" der „Lehrersprache" thematisiert wird, obwohl sie nach wie vor „das Grundmuster der Interaktionsstruktur des Unterrichts ausmacht" (*Heidemann 1996, S. 144*). Untersuchungen von Annemarie und Reinhard Tausch ergaben, dass Lehrerinnen und Lehrer durchschnittlich zwei bis vier Fragen pro Minute stellen (*Tausch/Tausch 1987, S. 206 ff.*). Betrachtet man das kognitive Niveau von Lehrerfragen, sind durchschnittlich 80 % als Wissens- und Erinnerungsfragen einzuschätzen und nur 20 % als intellektuelle Prozesse fördernde (*Gage/Berliner 1979, S. 671 f.*).

Im angloamerikanischen Raum beschäftigte man sich intensiver mit dem Phänomen Lehrerfrage und ihrer Bedeutung für die Unterrichtsqualität. Dabei wurde von amerikanischen Forschern zunächst ein vierstufiges Modell entwickelt (*Amidon/Hunter 1967, S. 141 ff.*), das unterschied zwischen

- kognitiven Gedächtnisfragen (vor allem Faktenwissen abfragend)
- konvergenten Fragen (angemessene Antwort verlangt Nachdenken)
- divergenten Fragen (fördern kreatives, vernetztes Denken)
- evaluativen Fragen (erfordern formulierte Werturteile und Begründungen).

Die zugrunde liegende Annahme war, dass in einem guten, lerneffektiven Unterricht sämtliche vier Fragearten in angemessener Form auftauchen.

Ein neunstufiges Modell legten Measel und Mood vor (*Measel/Mood 1972*). Es enthält folgende Fragekategorien:

- Begriffsbildung
- Aufzählen (Was hast du gesehen, gelesen? …)
- Ordnen (Was gehört zusammen? Warum? …)
- Einordnen (Was gehört unter diesen Oberbegriff?, Wie würdest du … bezeichnen?)
- Interpretation und Schlussfolgerung
- Informationen sammeln (Was hast du gefunden? …)
- Erklären und Begründen (Worauf führst du das zurück?, Wie erklärst du dir, dass …?)
- Schlüsse ziehen und transferieren (Was bedeutet das für …?, Welche Schlüsse ziehst du aus …?)
- Hypothesen entwickeln und verifizieren
- Phänomene erklären und Prognosen wagen (Was würde geschehen, wenn …?
- Hypothesen begründen („Wie stellst du dir vor, dass …?, Womit begründest du die Annahme, dass …?)
- Annahmen verifizieren (Woran würdest du erkennen, dass …?, Wodurch ließe sich beweisen, dass deine Erklärung …?)

Unterrichtsfragen sollten dazu beitragen, unterschiedliche kognitive Bereiche anzusprechen und die individuelle wie kollektive Problemlösefähigkeit zu fördern (*Craigen/Ward 1995*). Für die Lehrerinnen und Lehrer ergibt sich aus der bewussten Auseinandersetzung mit den je eigenen Fragetechniken üblicherweise eine Zunahme von Fragen „höherer Ordnung" (*Heidemann 1996, S. 144*). Dies ist auch mit Blick auf die Unterrichtsqualität bedeutsam. Neuere Forschungsarbeiten gehen davon aus, dass „cognitive higher order levels" sowie „problemlösender Unterricht günstig für den Lernerfolg nicht nur der leistungsstarken, sondern auch der leistungsschwachen Schüler sind" (*Einsiedler 1997, S. 240*).

Weiterführendes Denken

Bloom's Taxonomy teilt die Art, wie Menschen lernen, in drei Bereiche auf. Einer davon ist der *kognitive* Bereich, der intellektuelle Ergebnisse betont. Dieser Bereich teilt sich weiter in Kategorien, die fortschreitend arrangiert sind, vom niedrigsten Level des Denkens, der einfachen Wiedergabe von Informationen, zum höchsten, der Auswertung von Information.

Fragen für weiterführendes Denken können zu Hause, im Klassenzimmer oder im Kollegium angewandt werden, um alle Level des Denkens im kognitiven Bereich zu entwickeln. So entsteht
– eine erhöhte Aufmerksamkeit fürs Detail,
– ein tieferes Verstehen von Sachverhalten und
– eine erweiterte Problemlösekompetenz von Schülern und Lehrkräften.

→ Blooms Taxonomie bildet die Grundlage, auf der (auf den folgenden Seiten) Fragen für weiterführendes Denken entwickelt werden.

Fragen für weiterführendes Denken

→ Fragen für weiter-
führendes Denken auf
der Grundlage von
Blooms Taxonomie – ein
Überblick. Im Folgenden
finden Sie auf jeweils
einer Seite Fragen zu
den einzelnen Levels.

Level I: **Wissen** – Identifizierung und Abruf von Information

Wer, was, wann, wo, wie _____?

Beschreiben Sie _____?

Level II: **Verstehen** – Organisation und Auswahl von Fakten und Ideen

Erzählen Sie_____ in eigenen Worten.

Was ist der Hauptgedanke von _____?

Level III: **Anwendung** – Gebrauch von Fakten, Regeln und Prinzipien

Wie ist_____ ein Beispiel von _____?

Wie ist _____ in Beziehung zu _____?

Warum ist _____ bedeutsam?

Level IV: **Analyse** – Aufschlüsselung eines Ganzen in seine Bestandteile

Was sind die Anteile oder Merkmale von _____?

Klassifizieren Sie_____gemäß _____.

Umreißen Sie, machen Sie ein Diagramm, vernetzen Sie _____.

Wie kann man _____vergleichen/kontrastieren mit _____?

Welche Beweise können Sie bringen für _____?

Level V: **Synthese** – Kombination von Ideen, die ein neues Ganzes formen

Was würden Sie vorhersagen/folgern durch _____?

Welche Ideen können Sie hinzufügen zu _____?

Wie würden Sie ein neues _____ kreieren/entwerfen?

Was könnte passieren, wenn Sie _____ mit _____ kombinieren würden?

Welche Lösungen würden Sie vorschlagen für _____?

Level VI: **Auswertung** – Entwickeln von Optionen, Urteilen und Entscheidungen

Sind Sie einverstanden mit _____?

Was denken Sie über _____?

Was ist das wichtigste _____?

Setzen Sie Prioritäten gemäß _____?

Wie würden Sie über _____entscheiden?

Welche Kriterien würden Sie benutzen, um _____zu bewerten?

Fragen für weiterführendes Denken

Level I: Wissen

Beweisen Sie Ihr Erinnerungsvermögen, indem Sie sich die bisher gelernten Fakten, Begriffe, zugrunde liegende Konzepte und Antworten ins Gedächtnis rufen.

→ Auf den folgenden Seiten finden Sie – aufsteigend nach den Levels von Blooms Taxonomie geordnet – Fragen für weiterführendes Denken. Nutzen Sie die Schlüsselwörter als Führer, um Fragen und Aufgaben zu strukturieren. Füllen Sie die Fragen mit Inhalten, die auf Ihre Lerngruppen und Lerninhalte abgestimmt sind.

Schlüsselwörter

wer · was · warum · wann · auslassen · wo · welcher · wählen · finden · wie · definieren · bezeichnen · zeigen · buchstabieren · auflisten · zuordnen · benennen · in Beziehung setzen · erzählen · erinnern · auswählen

Fragen

Was ist _____?

Wie ist _____?

Wo ist _____?

Wann passierte_____?

Wie passierte _____?

Wie würden Sie erklären _____?

Warum hat _____?

Wie würden Sie beschreiben _____?

Wann hat _____?

Können Sie sich erinnern _____?

Wie würden Sie zeigen _____?

Können Sie auswählen _____?

Wer waren die wichtigsten _____?

Können Sie die drei _____ auflisten?

Welcher _____?

Wer war _____?

Fragen für weiterführendes Denken

Level II: Verstehen

Demonstrieren Sie Ihr Verständnis von Fakten und Ideen, indem Sie vergleichen, übertragen, interpretieren, Beschreibungen geben und Hauptgedanken anführen.

Schlüsselwörter

vergleichen · kontrastieren · demonstrieren · interpretieren · erklären · erweitern · illustrieren · folgern · umreißen · in Beziehung setzen · neu formulieren · übertragen · zusammenfassen · zeigen · klassifizieren

Fragen

Wie würden Sie _____ klassifizieren?

Wie würden Sie vergleichen zu _____? Kontrastieren _____?

Würden Sie in Ihren eigenen Worten ausdrücken oder interpretieren _____?

Wie würden Sie die Bedeutung von _____ anders formulieren?

Welche Fakten und Ideen zeigen _____?

Was ist die Hauptidee von _____?

Welche Feststellungen unterstützen _____?

Können Sie erklären, was passiert _____? Was ist gemeint _____?

Was können Sie sagen über _____?

Welche ist die beste Antwort _____?

Wie würden Sie zusammenfassen _____?

Fragen für weiterführendes Denken

Level III: Anwendung

Die Lösung von Problemen in neuen Situationen durch die Anwendung von erworbenem Wissen, von Fakten, Techniken und Regeln auf andere Art und Weise.

Schlüsselwörter

anwenden · konstruieren · Gebrauch machen von · planen · nutzen · bilden · entwickeln · organisieren · auswählen · ein Modell geben · wählen · interviewen · experimentieren mit · lösen · identifizieren

Fragen

Wie würden Sie _____ benutzen _____?

Welche Beispiele können Sie finden für _____?

Wie würden Sie _____ lösen, nutzend, was Sie gelernt haben _____?

Wie würden Sie _____ organisieren, um zu zeigen _____?

Wie würden Sie Ihr Verständnis von _____ zeigen _____?

Welchen Zugang würden Sie wählen, um _____?

Wie würden Sie anwenden, was Sie gelernt haben, um _____ zu entwickeln?

Welchen anderen Weg würden Sie einrichten, um zu _____?

Was würde passieren, wenn _____?

Können Sie die Fakten benutzen, um zu _____?

Welche Elemente würden Sie wählen, um ... zu ändern _____?

Welche Fakten würden Sie auswählen, um zu zeigen _____?

Welche Fragen würden Sie in einem Interview mit _____ stellen _____?

Fragen für weiterführendes Denken

Level IV: Analyse

Informationen untersuchen und in Einzelaspekte aufschlüsseln durch Identifizieren von Motiven oder Ursachen. Folgerungen und Beweise finden, um Verallgemeinerungen vornehmen zu können.

Schlüsselwörter

analysieren · kategorisieren · klassifizieren · vergleichen · kontrastieren · entdecken · auseinandernehmen · unterteilen · untersuchen · inspizieren · vereinfachen · Untersuchung · teilhaben an · testen · unterscheiden · auflisten · Unterscheidung · Thema · Beziehungen · Funktion · Motiv · Ableitung · Annahme · Schluss

Fragen

Was sind die einzelnen Teile der Merkmale von _____?

Wie ist_____in Beziehung zu ____?

Warum denken Sie _____?

Was ist das Thema _____?

Welches Motiv ist da _____?

Können Sie die Teile auflisten _____?

Welche Ableitung können Sie machen _____?

Welche Schlüsse können Sie ziehen _____?

Wie würden Sie klassifizieren _____?

Wie würden sie kategorisieren _____?

Können Sie die verschiedenen Teile identifizieren _____?

Welche Beweise können Sie finden _____?

Was ist die Beziehung zwischen _____?

Können Sie eine Unterscheidung machen zwischen _____?

Was ist die Funktion von _____?

Welche Ideen rechtfertigen _____?

Fragen für weiterführendes Denken

Level V: Synthese

Tragen Sie Informationen zusammen und arrangieren Sie sie anders, indem Sie die einzelnen Elemente neu zusammenstellen oder alternative Lösungen vorschlagen.

Schlüsselwörter

bilden · zusammentragen · kreieren · einschätzen · erfinden · planen · lösen · diskutieren · Original · minimieren · theoretisieren · verbessern · wählen · aufstellen · entwerfen · formulieren · ausdenken · vorhersagen · Lösung · verändern · maximieren · ausarbeiten · passieren · kombinieren · konstruieren · entwickeln · sich vorstellen · abstammen · vorschlagen · annehmen · modifizieren · anpassen · entfernen · testen

Fragen

Welche Veränderungen würden Sie vornehmen, um _____ zu lösen _____?

Wie würden Sie_____verbessern _____?

Was würde passieren, wenn _____?

Können Sie den Grund ausarbeiten _____?

Können Sie eine Alternative vorschlagen _____?

Können Sie sich ausdenken _____?

Wie würden Sie _____ anpassen, um eine andere _____ zu kreieren _____?

Wie würden Sie die Handlung (Plan) ändern (modifizieren), _____?

Was könnte getan werden, um zu minimieren (maximieren) _____?

Welchen Weg würden Sie vorschlagen _____?

Was könnte kombiniert werden, um zu verbessern (ändern) _____?

Angenommen, Sie könnten _____, was würden Sie tun _____?

Wie würden Sie testen _____?

Können Sie eine Theorie formulieren für _____?

Können Sie das Ergebnis vorhersagen, wenn _____?

Wie würden Sie die Resultate einschätzen für _____?

Welche Fakten können Sie zusammentragen _____?

Können Sie ein Modell konstruieren, das _____ verändern würde _____?

Können Sie sich einen ursprünglichen Weg vorstellen für die _____?

Fragen für weiterführendes Denken

Level VI: Auswertung

Präsentieren und verteidigen Sie Meinungen, indem Sie Informationen, die Gültigkeit von Ideen oder die Qualität von Arbeit beurteilen – basierend auf einem Kriterienraster.

Schlüsselwörter

Urteil · kritisieren · bestimmen · beurteilen · vergleichen · empfehlen · zustimmen · Meinung · unterstützen · beweisen · Einfluss · abschätzen · wählen · entscheiden · Disput · verteidigen · Merkmal · zählen auf · abschätzen · interpretieren · Wichtigkeit · als falsch beweisen · wahrnehmen · ableiten · schließen · verteidigen · auswerten · Maßstab · Häufigkeit · auswählen · Prioritäten setzen · erklären · Kriterien · einschätzen · Wert

Fragen

Sind Sie mit den Aktionen einverstanden _____? Mit dem Ergebnis _____?

Was ist Ihre Meinung von _____?

Wie würden sie beweisen _____? Das Gegenteil beweisen _____?

Können Sie den Wert oder die Wichtigkeit abschätzen von _____?

Wäre es besser, wenn_____?

Warum haben sie (die Hauptpersonen) _____ gewählt?

Was würden Sie empfehlen _____?

Wie würden Sie die_____bewerten_____?

Was würden sie zitieren, um die Handlungen zu rechtfertigen _____?

Wie würden Sie bewerten _____?

Wie könnten Sie bestimmen _____?

Welche Wahl hätten Sie getroffen _____?

Was würden Sie auswählen _____?

Wie würden Sie Prioritäten setzen _____?

Welches Urteil würden Sie über _____treffen _____?

Basierend auf dem, was Sie wissen, wie würden Sie erklären_____?

Welche Information würden Sie benutzen, um die Ansicht zu unterstützen _____?

Wie würden Sie rechtfertigen_____?

Welche Daten wurden herangezogen, um die Schlussfolgerung zu ziehen _____?

Warum war es besser, dass_____?

Wie würden Sie die Fakten der Wichtigkeit nach ordnen _____?

Wie würden sie die Ideen vergleichen _____?

Kapitel XI

Mit welchen Methoden können Sie im Klassenraum und im Kollegium arbeiten?

Trainingsteilnehmer sind immer wieder überrascht, wie vielfältig und ausgereift das Methodenrepertoire des Kooperativen Lernens ist. Das liegt nicht zuletzt an den langjährigen Erfahrungen der Trainerinnen und Trainer – und an ihrem Ansatz, jeweils nur das Beste für gut genug zu halten. Manches mag Ihnen beim ersten Lesen eher einfach vorkommen. Seien Sie sicher, dass es sich gleichwohl nicht um Banalitäten handelt, sondern um immer wieder erprobte und auf das Wesentliche reduzierte inhaltliche und methodische Vorschläge.
Sie können die nachfolgenden Methoden als „Toolbox" nutzen – und flexibel einsetzen.

Methoden für Klassenraum und Kollegium

→ Die Methoden in dieser Übersicht werden durchgängig mit dem englischen Originalbegriff bezeichnet. In Klammern finden Sie darunter eine Übertragung ins Deutsche. In einigen Fällen sind die englischen Originalbegriffe in Deutschland bereits eingeführt und werden daher zusätzlich noch einmal genannt.

Bezeichnung	Beschreibung	Funktion
Getting Acquainted Interviews (Kennenlern-Interviews)	Die Teilnehmer treffen sich in Paaren und interviewen sich etwa fünf Minuten. Dann stellen sie den Partner einem anderen Paar vor. Es gilt, Folgendes herauszufinden: • etwas Interessantes oder „anderes" über die Person • die Erwartungen des Partners an die Schule	• Ideen und Meinungen ausdrücken • Geschichten erfinden • die Team-Kollegen kennenlernen
Value Assessment (Werte einschätzen)	Die Teilnehmer bekommen eine Liste von zehn Werten, wie z. B.: · ein glückliches, zufriedenstellendes Familienleben · Erfolg im Beruf · Spaß haben · befriedigende Beziehungen · persönliche Entwicklung · ein guter Freund sein · finanzieller Erfolg · Gemeinschaftsbeitrag · Gesundheit · berufliche Leistung. Jeder streicht drei davon. Dann treffen sie sich mit anderen und einigen sich auf sieben verbleibende.	• Beziehungen aufbauen • Verbindungen eingehen
What's in a Name (was steckt im Namen)	Die Teilnehmer interviewen sich gegenseitig bezüglich ihrer Namen. Wie kamen Sie zu ihren Namen? Aus welchem Land? Was ist die Geschichte des Namens? *VARIATION:* • Benutzen Sie die Initialen, um einen neuen Namen zu kreieren, der Charakteristika der Person oder der Lerninhalte enthält. • Nehmen Sie den Vornamen und verbinden Sie mit jedem Buchstaben Ideen vom Inhalt der Stunde oder der Unterrichtseinheit.	• sich kennen lernen • Beziehungen aufbauen
Famous Quotes (berühmte Zitate)	Jeder erhält eine Karte mit einer Behauptung oder einem Zitat. Denken Sie darüber nach, was es Ihnen bedeutet, und treffen Sie sich dann mit jemand anderem, um die Zitate zu diskutieren.	• Annahmen klären • sich austauschen
We Believe Statement (Glaubenssätze)	Die Teilnehmer brainstormen zu einem Thema und sortieren dann die Ideen. Danach charakterisieren sie die Ideen-Gruppen mit einem Wort oder einem Satz. Diese Worte und Sätze werden dazu benutzt, um ein „We Believe Statement" zu entwickeln.	• Ideen entwickeln und kategorisieren • einen Standpunkt vertreten

Bezeichnung	Beschreibung	Funktion
Find the Fib (Finde den Fehler)	Die Teilnehmer stellen drei Behauptungen auf – eine ist wahr, zwei sind es nicht. Es funktioniert am besten, wenn die Wahrheiten unglaubwürdig sind und die Lüge glaubhaft. Alle drei werden als Fakten präsentiert und die Klassenkameraden müssen die Lüge herausfinden. *VARIATION:* • Fakt oder Fiktion • Teamkameraden versuchen zu bestimmen, welche Behauptung wahr und welche falsch ist	• Herausfinden von Gemeinsamkeiten und Dingen, die einzigartig für eine Person sind
Venn-Diagram (Venn-Diagramm)	Es werden drei sich überschneidende Kreise gezeichnet. Jeder wird nummeriert. Das Team diskutiert, was die Mitglieder mögen und was sie nicht mögen. Wenn alle drei das Gleiche mögen, wird das in Kreis Nummer 3 geschrieben, wenn zwei etwas gemeinsam haben, wird das in Kreis Nummer 2 geschrieben, und natürlich alles, was nur eine Person betrifft, in Kreis Nummer 1.	• Herausfinden von Gemeinsamkeiten und Dingen, die einzigartig für eine Person sind
Extended Name Tag (Namensschild)	Die Teilnehmer bekommen Namensschilder und werden gebeten, ihren Namen in die Mitte sowie etwas über sich selbst in jede der vier Ecken des Namensschildes zu schreiben. Die oberen beiden Ecken können persönlich sein, dürfen aber nicht potenziell verlegen machen. Die unteren beiden Ecken können auch persönlich sein oder inhaltlich orientiert.	• die Teamkolegen kennenlernen • Ideen entwickeln • Ideen austauschen • Beziehungen aufbauen
Contact Activity (Kontakt-Aktivität)	Wann immer ein neues Team gebildet wird, haben die Mitglieder Gelegenheit, sich vorzustellen und ihre Gedanken zu einem Thema auszutauschen.	• Beziehungen aufbauen • Ideen austauschen • zuhören • Wissen zu einem Thema aufbauen
Find Someone Who Knows (finde jemanden, der es weiß)	Die Teilnehmer können mit einem Arbeitsblatt im Raum herumgehen, um andere Teilnehmer zu finden, die die Antwort auf eine Frage auf dem Blatt haben. *VARIATION:* Personenjagd – nach Teilnehmern suchen, die bestimmte Charakteristika gemeinsam haben oder das Interesse an einem bestimmten Thema teilen.	• andere Ideen, Werte, Meinungen und Problemlösungsansätze kennenlernen und darauf reagieren • Beziehungen aufbauen

Bezeichnung	Beschreibung	Funktion
Appointment Card (Verabredungskarte)	Den Teilnehmern wird ein Blatt Papier gegeben, auf dem 9 Uhr, 10 Uhr etc. bis 18 Uhr steht. Die Schüler gehen im Raum herum und verabreden sich mit anderen Schülern. Später bittet der Leiter sie, z. B. zu ihrer 13-Uhr-Verabredung zu gehen und ein Anliegen oder eine Idee zu diskutieren, die für das Thema wichtig sind.	• Teamkollegen kennenlernen • Beziehungen aufbauen • einen Standpunkt diskutieren
Line Ups (Reihen bilden)	Die Teilnehmer stellen sich nach Kriterien auf, die der Leiter bestimmt hat, z. B.: „Bitte stellen Sie sich auf – wenn Sie glauben, dass Arbeiten im Team entscheidend ist für Erfolg am Arbeitsplatz, stellen Sie sich links auf. Wenn Sie denken, dass es vollkommen unnötig ist, stellen Sie sich rechts auf. Verteilen Sie sich entlang der Linie aufgrund Ihrer Meinung zu dieser Aussage. Wenden Sie sich dem Ihnen am nächsten stehenden Schüler zu und erklären Sie, warum Sie sich dort platziert haben." *VARIATION:* • Lassen Sie die Schüler an den äußeren Enden ihre unterschiedlichen Standpunkte diskutieren.	• eine Position einnehmen und einen Standpunkt verteidigen
Four Corners (Vier Ecken)	Unterschiedliche Aspekte eines Themas werden in verschiedenen Ecken des Raumes aufgehängt. Jeder Teilnehmer wählt einen bestimmten Aspekt als Antwort auf eine Frage und geht in diese Ecke. Dort finden sie sich zu Paaren zusammen und diskutieren ihre Wahl.	• Positionen zu einem Thema klären
Paraphrase Passport (Paraphrase)	Die Schüler geben korrekt mit eigenen Worten wieder, was die Person, die gerade gesprochen hat, gesagt hat, und äußern dann ihre eigenen Ideen.	• Verstehen prüfen • Feedback geben • Ideen austauschen
Group Processing (Gruppenreflexion)	Die Schüler bewerten ihre Fähigkeit, als Gruppe zusammenzuarbeiten, und die Beteiligung und den Beitrag jedes Mitgliedes. Das Ziel ist, die Zusammenarbeit der Gruppe zu verbessern.	• die Fähigkeit, Rollen zu übernehmen, entwickeln • die (Gruppen-) Reflexionsfähigkeit entwickeln • Ziele setzen und Leistung beurteilen

Bezeichnung	Beschreibung	Funktion
Round Table (Runder Tisch)	Die Teilnehmer geben Papier und Bleistift herum. Nacheinander schreibt jeder Teilnehmer eine These zu einem Thema bzw. eine Antwort auf eine Frage und gibt dann das Papier weiter. Der Nächste schreibt eine Erweiterung oder einen ganz neuen Gedanken dazu, der wichtig für das Thema ist.	• Ideen/Antworten zu einem Thema/einer Frage entwickeln • Beziehungen aufbauen • Austausch entwickeln
Round Robin (Round Robin)	Gleiche Aktivität wie „Round Table", nur tauschen sich die Teammitglieder mündlich aus und entwickeln Antworten rund um den Tisch.	• Austausch schaffen • Ideen entwickeln • Zuhören lernen
Team Interview (Teaminterview)	Bilden Sie eine Vierergruppe und daraus dann Paare. Die Partner interviewen sich gegenseitig und lernen voneinander in Bezug auf das Gesagte. A spricht mit B, C spricht mit D. Dann erzählt A C, was er von B erfahren hat, und B spricht mit D. Schließlich tauschen sich A und C sowie B und D aus. *VARIATION:* A könnte C und D berichten und B könnte C und D berichten etc. (siehe auch Three Step Interview)	• Ideen austauschen • die Ideen des Partners schätzen lernen • die Perspektive auf ein Thema erweitern • alternative Ansichten diskutieren
Team Test Taking (Team im Test)	Die Schüler bekommen die Kopie eines Tests und arbeiten daran in Vierergruppen. Am nächsten Tag bekommt jeder einzelne Schüler den Test. *VARIATION:* • Am nächsten Tag könnte der Test einige, aber nicht alle Fragen enthalten oder vielleicht nicht in derselben Form.	• das Selbstvertrauen stärken • anderen Schülern Mentor sein • Stoff wiederholen • Vertrauen bilden
Pairs Check (Partner-Check)	Schülerpaaren werden zehn Fragen gegeben, fünf auf einer Seite des Blattes, fünf auf der anderen. Person A beantwortet die erste Frage und B ist Coach. Wenn Person B mit der Antwort einverstanden ist, lobt sie Person A. Person B löst die zweite Frage, während Person A Coach ist.	• eine unterstützende Umgebung aufbauen • Hilfestellung geben
Give and Get (Geben und Nehmen)	Einzelpersonen oder Paare entwickeln eine Liste von möglichen Ideen und treffen sich mit anderen Einzelpersonen/Paaren. Geben Sie eine Ihrer Ideen dem anderen Team, das diese auf sein Arbeitsblatt schreibt, und greifen Sie eine Idee des anderen Teams auf und notieren Sie diese.	• Austausch schaffen • Ideen weiterentwickeln • die Spannbreite möglicher Ideen diskutieren

Bezeichnung	Beschreibung	Funktion
Numbered Heads (Numbered Heads)	Der Leiter stellt eine Frage, die Teilnehmer beraten sich, um sicherzugehen, dass alle die Antwort wissen. Dann wird eine Person aufgerufen, um für die Gruppe zu antworten. *VARIATION:* Schüler eines Teams wissen, dass jeder in ihrer Gruppe aufgerufen werden kann, um das Projekt, die Diskussion, die Analyse etc. der Gruppe vorzustellen.	• Wiederholen • Wissen und Verstehen überprüfen • die individuelle Verantwortung erhöhen
Think – Pair – Share (Think – Pair – Share)	Die Teilnehmer denken über die Antwort zu einer Frage nach, finden sich zu Paaren zusammen und sprechen über ihre Antworten. Die Teilnehmer teilen dann dem Lehrer Schlüsselgedanken ihrer Diskussion mit. *VARIATION:* Wie oben, nur dass der Austausch am Ende nur in der Tischgruppe stattfindet. Nachdem sie über eine mögliche Antwort oder Idee nachgedacht haben, schreiben die Schüler ihren Gedanken auf. Die geschriebenen Gedanken werden dann mit dem Partner ausgetauscht. Der Austausch findet mit dem Lehrer statt. Die Teilnehmer denken erst für sich nach und arbeiten dann in Paaren, um eine „beste" Antwort zu finden. Die Paare vergleichen mit einem anderen Paar ihre Antworten.	• individuelle Standpunkte entwickeln • Austausch schaffen • Beziehungen aufbauen • verschiedene Ansichten zu einem Thema diskutieren
Three Step Interview (Interview)	Die Teilnehmer interviewen sich gegenseitig in Paaren, erst einer, dann der andere. Die Teilnehmer schreiben auf, was der Partner gesagt hat, und teilen der Gruppe mit, was sie gelernt haben.	• persönliche Informationen oder Thesen austauschen • Zuhören lernen • Beteiligung entwickeln
4S Brainstorming (4S Brainstorming)	Die Teilnehmer schreiben Gedanken auf Papierstreifen und legen sie in die Mitte des Tisches. *Schnell* – unter Zeitdruck arbeiten und mit so vielen Ideen wie möglich kommen. *Sicher* – alle Gedanken sind relevant und sollten mit eingeschlossen werden. *Synergie* – den Gedanken laut sagen, wenn er in die Mitte platziert wird – auf vorhergehende Gedanken aufbauen. *Später* beurteilen – Ideen werden erst beurteilt, wenn alle aufgelistet sind.	• Ideen entwickeln und mitteilen • Beteiligung und Engagement entwickeln • divergierendes Denken fördern

Bezeichnung	Beschreibung	Funktion
PMI – Plus-Minus-Interesting (PMI – Plus-Minus-Interessant)	Die Teilnehmer lesen jeder für sich einen Teil der Arbeit (sehen einen Film an) und schreiben auf, was ihrer Meinung nach die Pluspunkte oder das Positive, das Negative oder Gedanken, mit denen sie nicht einverstanden sind, oder interessante Ideen sind, über die sie keine Meinung haben.	• individuelle Arbeit fördern • Analyse von Material optimieren • Kommunikation fördern
Send a Problem (Schicke ein Problem)	Jedes Teammitglied denkt sich ein Problem aus und schreibt es auf eine Karte. Das Team sammelt alle Kartenprobleme ein und gibt sie weiter an ein anderes Team. Das Team liest die Probleme und schreibt auf die Rückseite der Karten eine mögliche Antwort auf das Problem. *VARIATION:* Die Karten können von Gruppe zu Gruppe weitergegeben werden und jede Gruppe versucht, eine beste Antwort auf jede Frage zu geben. Die Karten werden den ursprünglichen Gruppen zurückgegeben, die sie analysieren.	• Austausch entwickeln • ein Problem analysieren • Antworten zu einem Problem entwickeln
Unstructured Sort – Inductive Thinking (Unstrukturiertes Sortieren – induktives Denken)	Die Gruppe brainstormt eine Liste möglicher Ideen. Diese werden dann gemäß ihrer Ähnlichkeit gebündelt. Das Team bespricht die Platzierung jeder neuen Idee. Wenn alle einen Platz gefunden haben, wird jede Kategorie mit einem Wort oder einem kurzen Satz versehen. *VARIATION:* • die Ideen in neue Kategorien sortieren • die Ideen einer Kategorie in andere Kategorien sortieren und diese benennen	• Ideen austauschen, analysieren und auswerten • Bedeutungen klären • Beziehungen aufbauen • Konsens erreichen • Aussagen kategorisieren
Structured Sort – Deductive Thinking (Strukturiertes Sortieren – deduktives Denken)	Eine Serie von Einzelaussagen, die auf das behandelte Thema zielt, wird erstellt. Diese Aussagen werden an jedes Teammitglied ausgeteilt. Die Teammitglieder diskutieren, in welche Kategorie die Aussage gehört. Sie müssen sich einig sein. Fortsetzen, bis alle Aussagen platziert sind.	• Aussagen/Daten kategorisieren
Expert Group Jigsaw (Jigsaw)	Jedes Gruppenmitglied ist Experte in einem bestimmten Themenbereich seiner *Heimatgruppe.* Zu diesem Themenbereich arbeitet es mit seinen Pendants aus den anderen Gruppen in einer *Expertengruppe* zusammen. Zurück in seiner *Heimatgruppe*, informiert es die übrigen Teammitglieder über das Arbeitsergebnis.	• Analyse von Material optimieren • Informationen aufnehmen und mitteilen • Ideen austauschen

Bezeichnung	Beschreibung	Funktion
Mini Jigsaw (Mini Jigsaw)	Jedem in der Gruppe wird ein Teil des Materials gegeben. Unabhängig voneinander lesen alle es durch, denken darüber nach und tauschen dann ihre Gedanken/Analysen mit ihren Teamkollegen aus.	• Analyse von Material optimieren • Informationen aufnehmen und mitteilen • Ideen austauschen
Mind Mapping (Mind-Map)	Mind Maps ermöglichen Lernenden, Informationen visuell aufzuzeichnen. Diese Strategie hilft dem Lernenden, Gedanken aufzuzeichnen und dann Beziehungen zwischen den verschiedenen Konzepten herzustellen. Die Mind Map eröffnet die Möglichkeit, Konzepte in einen zusammenhängenden visuellen Wissenskörper zu organisieren. *BESTANDTEILE* Das Zentrum enthält das zentrale Thema oder Konzept. Markieren Sie als Betonung wichtige Informationen mit Kreisen, Pfeilen oder Wellenlinien. Farbe erleichtert das Merken und trägt zur Organisation von verschiedenen Konzepten bei.	• Reflektieren lernen • Gedanken strukturieren • Ideen entwickeln
K – W – L (W – E – G; Wissen – Erlernen – Gelernt)	Die Teilnehmer dritteln ein Blatt Papier (DIN A4) und schreiben über die Kolumnen W, E und G. Unter W schreiben sie, was sie über den Gegenstand WISSEN. Unter E, was sie ERLERNEN möchten. Unter G fassen sie nach der Übung zusammen, was sie GELERNT haben. *VARIATION IN MATHEMATIK* • Was weiß ich, das mir helfen wird, dieses Problem zu lösen? • Was muss ich wissen, um das Problem zu lösen?	• den eigenen Lernweg strukturieren und reflektieren
Development Discussion (Diskussionsentwicklung)	Der Leiter teilt die Diskussion in vier Abschnitte, sodass ein Schritt auf den anderen folgt. *DIE SCHRITTE* A. Formulieren Sie das Problem (klären Sie, was das Problem ist)! B. Schlagen Sie eine Hypothese vor! C. Holen Sie relevante Daten ein! D. Werten Sie verschiedene Lösungen aus!	• eine Diskussion/ einen Gedankenaustausch strukturieren

Bezeichnung	Beschreibung	Funktion
T-Chart (T-Chart)	Die Teilnehmer halbieren ein Blatt vertikal. Auf jede Seite schreiben sie gegensätzliche Ideen. *ZUM BEISPIEL* Für ↔ Wider Stimme zu ↔ Stimme nicht zu Meine Ideen ↔ Die Ideen meines Partners Die Ideen des Lehrers ↔ Meine Gedanken	• Gegensätzliche oder komplementäre Ideen vergleichen und reflektieren • Einsichten zu einem Thema austauschen
Team Word Web **Semantic Maps** **Clustering** **Chains** **Spider Maps** **Concept Maps** (Word-Web Clustern Concept-Maps)	Maps wie diese sind ein gutes Werkzeug, um Ideen zu entwickeln und die Verbindungen zwischen Ideen zu verdeutlichen. Das Thema wird in die Mitte eines Blattes geschrieben – am besten in ein Rechteck. Mit strahlenförmigen Linien schreiben Lehrer auf, was sie als Kernkonzepte erachten (in Ovalen). Sie fügen Ideen hinzu, die sie als untergeordnete Elemente der Kernideen betrachten und die in ihren Augen das zentrale Thema beeinflussen. 	• kürzlich gelerntes Material wiederholen • Ideen zu neuen Themen aufschreiben • Austausch, Diskussion entwickeln
Co-op Co-op (Co-op Co-op)	Den Teilnehmern wird ein Thema oder eine wichtige Frage zum Untersuchen gegeben. Sie teilen die Arbeit gleichmäßig unter allen Teammitgliedern auf und einigen sich auf ein zeitliches Raster, um die verschiedenen Phasen des Projektes abzuschließen. Jeder Teilnehmer übernimmt Verantwortung dafür, seinen Teil der Arbeit zu erledigen und eine integrierte Teamposition zu entwickeln.	• Planungskompetenz entwickeln • individuelle Verantwortung im Rahmen des Gruppenprozesses übernehmen
The Fish Bone (Fish-Bone – Fischgrät-Diagramm)	Das Fischgrät-Diagramm (auch als Ursache-Wirkungs-Diagramm bekannt) hilft Teams, die Beziehung zwischen Ursache und Wirkung zu identifizieren, und geht einem Problem auf den Grund. Das Diagramm hilft den Teilnehmern, sich auf mehrere Ursachen eines Problems zu konzentrieren. 	• ein Problem analysieren und differenziert betrachten

Bezeichnung	Beschreibung	Funktion
Talking Chips (Talking-Chips – Redechips)	Die Teilnehmer bekommen zwei Chips. Diese Chips oder Zettel werden in die Mitte gelegt, wenn jemand sprechen möchte. Die Gruppenmitglieder können nicht erneut sprechen, bevor nicht jeder seinen Chip in die Mitte des Tisches gelegt hat. Wenn alle Chips aufgebraucht sind, werden sie zurückgenommen und jeder hat wieder die Möglichkeit, das Wort zu ergreifen.	• Kommunikation entwickeln und strukturieren • Austausch entwickeln
Case Study (Fallstudie)	Die Klasse wird in kleine Gruppen mit je einem Helfer und einem Schriftführer aufgeteilt. Ein einzelnes Ereignis, ein Vorfall, eine Situation oder eine Geschichte wird präsentiert. Den Teilnehmern werden eine Reihe von Fragen zum Beantworten gegeben. Der „Helfer" hält die Gruppe beim Thema und der „Schriftführer" schreibt die Antworten nieder.	• Fakten analysieren • Konsens entwickeln
The Fishbowl Technique (Fishbowl)	Bei Gruppen mit bis zu 30 Personen setzen sich vier oder fünf Personen auf Stühle in die Mitte des Raumes, der Rest der Gruppe in einem größeren Kreis drum herum. Die innere Gruppe diskutiert dann das Thema, während die äußere zuhört. Die äußere Gruppe muss sorgfältig zuhören, damit die Teilnehmer die Diskussion fortführen können, wenn sie in den inneren Kreis kommen. Als Alternative kann die Gruppe in mehrere kleine Gruppen (sechs bis acht Schüler) aufgeteilt werden und die Gruppen wechseln sich ab, im inneren Kreis das Thema oder verschiedene Seiten desselben Themas zu diskutieren.	• Zuhören lernen • Austausch entwickeln • einen Standpunkt entwickeln
Team Retelling (Teamwiedergabe)	Gruppen von je zwei, drei oder vier Personen lesen jede eine andere Veröffentlichung über dasselbe Thema. Die Teilnehmer geben dann wieder, was sie ihren Gruppen vorgelesen haben.	• Austausch entwickeln • Informationen weitergeben

Bezeichnung	Beschreibung	Funktion
Inside Outside Circle (Innen-Außen-Kreis)	Die Teilnehmer stehen in zwei Kreisen – der innere Kreis steht mit den Gesichtern nach außen, der äußere schaut nach innen: – Eine Aufgabe wird gestellt. – Die äußeren Partner äußern mögliche Antworten, die inneren Partner hören zu und antworten. – Der äußere oder innere Kreis rotiert, neue Partner ergeben sich – eine neue Frage wird gestellt – die Person auf der Innenseite antwortet.	• Gedanken austauschen • Kommunikation entwickeln • Probleme lösen
One Stay – Three Stray (One Stay – Three Stray Einer bleibt, drei gehen)	Die Teammitglieder zählen ab von 1 bis 4. Person Nummer 4 bleibt am Tisch, um die Arbeit/Ideen der Gruppe zu erklären. Person 1 geht einen Tisch im Uhrzeigersinn weiter. Person 2 geht zwei Tische im Uhrzeigersinn weiter. Person 3 geht drei Tische im Uhrzeigersinn weiter. Die drei Teilnehmer kehren zurück und erklären, was sie an den anderen Tischen gelernt haben. Variation: • Person 1 bleibt, die anderen gehen zu Tischen ihrer Wahl, um den anderen Tischdiskussionen zuzuhören. Diese kehrt zurück zum eigenen Tisch und tauscht sich mit Person 1 aus.	• Ideen vergleichen • Positionen überdenken
Gallery Tour (Gallery-Tour – Vernissage)	Die Teilnehmer haben in Teams von drei oder vier Personen gearbeitet. Alle Nummern 1 bilden eine Gruppe, alle Nummern 2 eine andere etc. Jedes Gruppenmitglied erklärt die Arbeit seiner Gruppe. Die anderen Gruppenmitglieder geben ein Feedback. Alle Teammitglieder gehen in ihre ursprünglichen Gruppen zurück und diskutieren das Feedback und die zusätzlichen Informationen.	• Einen Gedankenaustausch entwickeln • Arbeit von anderen beurteilen • Zuhören lernen

Bezeichnung	Beschreibung	Funktion
Placemat (Placemat)	Die Teilnehmer werden in Gruppen von drei oder vier Personen aufgeteilt. Auf Flip-Chartpapier oder DIN-A4-Papier entwickelt jeder sein eigenes Schreibfeld. In die Mitte zeichnen die Teilnehmer einen Kreis oder ein Viereck, das die Ideen der Gruppe enthält. Der restliche Platz wird so aufgeteilt, dass jeder sein eigenes Feld zum Schreiben hat. Der Lehrer gibt das Thema bekannt und die Teilnehmer schreiben für zwei oder drei Minuten ihre Ideen auf (keine Gespräche oder Austausch). Das Team diskutiert dann alle Ideen und erreicht Konsens darüber, welche Ideen die Diskussion des Teams repräsentieren. Diese werden in der Mitte aufgeschrieben. Danach können die Ideen nach Wichtigkeit geordnet werden.	• Ideen austauschen und diskutieren • Konsens entwickeln • Kommunikation entwickeln • Ideen strukturieren
Force Field Analysis (Kraftfeldanalyse)	Die Teilnehmer betrachten zwei Seiten einer Situation/einer Sachlage. Auf der einen Seite finden sich Faktoren, die ein bestimmtes Ergebnis unterstützen, auf der anderen Seite Faktoren, die ein bestimmtes Ergebnis verhindern. Es gilt herauszufinden, was ein Einzelner oder ein Team zur Unterstützung des Ergebnisses tun kann und welche Faktoren man reduzieren oder eliminieren sollte.	• Material analysieren • Ideen austauschen • Problemlösungs-ansätze entwickeln • Kommunikation entwickeln

Wie die Methode genutzt wurde	Wie ich/wir sie nutzen könnte(n)

→ Dieses Arbeitsblatt ist auf Größe und Aufbau der Methodenübersicht zugeschnitten. Sie können es kopiert neben die tabellarische Übersicht legen und zu einzelnen Methoden notieren, wie diese im Unterricht oder in der kollegialen Zusammenarbeit bereits genutzt wurden (linke Spalte) und welche weiteren Nutzungsmöglichkeiten sich anbieten (rechte Spalte).

Literatur

Amidon, E. u. E. Hunter: Verbal Interaction in the Classroom: The Verbal Interaction Category System. In: Amidon, E./Hough, J. B.: Interaction analysis, Massachusetts 1967.

Antoni, C. H. (Hrsg.): Gruppenarbeit in Unternehmen. Konzepte, Erfahrungen, Perspektiven, Weinheim 1994.

Aronson, E. (Ed.): The jigsaw classroom. Beverly Hills 1978.

Bennett, B. und Green, N.: Effect of the Learning Consortium: One District's Journey. In: School Effectiveness and School Improvement, Vol 6/1995.

Biskup, C.: Was Kinder in Zusammenarbeit mit anderen lernen. In: GRUNDSCHULE Heft 4/1994.

Bless, G. u. Klaghofer, R.: Begabte Schüler in Integrationsklassen. In: Zeitschrift für Pädagogik, Nr. 37/1991.

Bohnsack, F.: Soziales Lernen als Weg zu einer Sozialkultur der Schule. In: Bohnsack/Leber 1996.

Bohnsack, F. und Leber, S. (Hrsg.): Sozial-Erziehung im Sozial-Verfall. Grundlagen, Kontroversen, Wege. Weinheim und Basel 1996.

Craigen, J. u. C. Ward: An Introduction to Cooperative Learning, Ontario 1995 (Draft).

Dumke, D. (Hrsg.): Integrativer Unterricht. Gemeinsames Lernen von Behinderten und Nichtbehinderten, 2. Aufl. Weinheim 1993.

Dumke, D.: Behinderte Kinder in der Grundschule. In: Lompscher, J. u. a.: Leben, Lernen und Lehren in der Grundschule, Neuwied 1997.

Einsiedler, W.: Unterrichtsqualität und Leistungsentwicklung. Literaturüberblick. In: Weinert, F. E. u. A. Helmke: Entwicklung im Grundschulalter, Weinheim 1997.

Entwistle, N.: The use of research on student learning in quality assessment. In: Gibbs, G. (Ed.): Improving Student Learning through assessment and Evaluation, Oxford 1995.

Fend, H.: Sozialgeschichte des Aufwachsens, Frankfurt 1988.

Fogarty, R.: Brain Compatible Classrooms, Illinois 1997.

Fölling-Albers, M.: Schulkinder heute. Auswirkungen veränderter Kindheit auf Unterricht und Schulleben. Weinheim und Basel 1992.

Fölling-Albers, M.: Kinder brauchen Kinder – Soziales Lernen in der Grundschule. In: GRUNDSCHULE H. 4/1994.

Friede, Ch. K.: Sozialkompetenz als Ziel der Berufserziehung – begriffs-analytisch betrachtet. In: Zeitschrift für Berufs- und Wirtschaftspädagogik, H. 4/1994.

Fullan, M.: Change Forces. Probing the Depths of Educational Reform, London u. a. 1993.

Gage, N. L. u. D. C. Berliner: Pädagogische Psychologie, München 1979 (Bd. 2).

Gaudig, H.: Didaktische Präludien, Leipzig 1923.

Glöckel, H.: Vom Unterricht, 3. Aufl. Bad Heilbrunn 1996.

Green, N., Heckt, D. H.: Was ist kooperatives Lernen? In: GRUNDSCHULE H. 12/2000.

Grell, J.: Techniken des Lehrerverhaltens, Weinheim und Basel 1995 (Sonderausgabe).

Heckt, D. H.: War es das, was wir wollten? Offene Lernsituationen. In: GRUNDSCHULE H. 7–8/1999.

Heidemann, R.: Körpersprache im Unterricht, 5. Aufl. Wiesbaden 1996.

Hellbrügge, T.: Integration mehrfach und verschiedenartig behinderter Kinder in den Montessori-Schulen des Kinderzentrums München. In: Haberl, H.: Integration – Die Vielfalt als Chance. Möglichkeiten der Montessori-Pädagogik, Freiburg 1995.

Huber, G. L.: Lernen in kooperativen Arrangements. In: Duit, R., v. Rhöneck, C. (Hrsg.): Ergebnisse fachdidaktischer und psychologischer Lehr-Lern-Forschung, Kiel 2000.

Jürgens, B.: Verhaltensgestörte Kinder oder sozial inkompetente Pädagoginnen? In: Heckt, D. H. und Jürgens, E.: Anders kommunizieren lernen, Braunschweig 1996.

Jürgen, E.: Freiarbeit im Spiegel der Praxis. In: GRUNDSCHULE H. 7–8/1999.

Kluge, K.-J.: Sie prügeln sich und leisten weniger. Neubergweiler 1975.

Lipowsky, F.: Offene Lernsituationen im Grundschulunterricht. Eine empirische Studie zur Lernzeitnutzung von Grundschülern mit unterschiedlicher Konzentrationsfähigkeit. Frankfurt 1999.

Measel, W. u. D. W. Mood: Teacher Verbal Behavour and Teacher and Pupil Thinking in Elementary School. In: The Journal of Educational Research, H. 3/1972.

Meyer, E.: Gruppenunterricht. 9., überarb. Auflage Hohengehren 1996.

Mortimore, P. u. a.: A study of effective junior schools. In: International Journal of Educational Research, H. 13/1989.

Muth, J.: Integration von Behinderten, Essen 1986.

Myschker, N.: Verhaltensstörungen bei Kindern und Jugendlichen. Stuttgart 1993.

Oerter, R.: Die Entwicklung sozialer Kompetenz im Schulalter. In: Schäfer, G. E. (Hrsg.): Soziale Erziehung in der Grundschule. Rahmenbedingungen, soziales Erfahrungsfeld, pädagogische Hilfen. Weinheim und München 1994.

Pallasch, W.: Pädagogisches Gesprächstraining, Weinheim u. München 1987.

Petillon, Hanns: Wie gehen Kinder in den ersten Schuljahren miteinander um? Ein Untersuchungsbericht. In: GRUNDSCHULE H. 4/1994.

Philipp, E.: Teamentwicklung in der Schule. Konzepte und Methoden, Weinheim und Basel 1996.

Redlich, A.: Konfliktmoderation, Hamburg 1997.

Remschmidt, H. und Walter, R.: Psychische Auffälligkeiten bei Schulkindern. Göttingen, Toronto, Zürich 1990.

Renkl, A. und Mandl, H.: Kooperatives Lernen: Die Frage nach dem Notwendigen und dem Ersetzbaren. In: Unterrichtswissenschaft H. 23/1995.

Schmidt-Denter, U.: Soziale Kompetenz. In: Perleth, C. und Ziegler, A. (Hrsg.): Pädagogische Psychologie. Grundlagen und Anwendungsfelder. Bern, Göttingen, Toronto 1999.

Slavin, R. E.: Cooperative Learning. New York 1983.

Stöcker, K.: Neuzeitliche Unterrichtsgestaltung, München 1957.

Tausch, R. u. A.: Erziehungspsychologie, 8. Aufl. 1978.

Wagner, J. W. L.: Freundschaften und Freundschaftsverständnis bei drei- bis zwölfjährigen Kindern.

Walker, W.: Abenteuer Kommunikation, Stuttgart 1996.

Weidner, M.: Durch Gruppenunterricht zur Teamfähigkeit. In: PRAXIS SCHULE 5–10, H. 5/1998.

Weidner, M.: Kooperatives Lernen, Velber 2002..

Weinert, F. E. (Hrsg.): Entwicklung im Kindesalter, Weinheim 1998.

Weisbach, C. R.: Professionelle Gesprächsführung, München 1992.
Sozial- und entwicklungspsychologische Aspekte. Berlin 1991.

Wild, K.-P., Krapp, A., Winteler, A.: Die Bedeutung von Lernstrategien zur Erklärung von Studieninteresse auf Lernleistungen. In: Krapp, A., Prenzel, M. (Hrsg.): Interesse, Lernen, Leistung. Neuere Ansätze der pädagogisch-psychologischen Interessenforschung, Münster 1992.